BIBLIOTHÈQUE ANNAMITE DE VULGARISATION

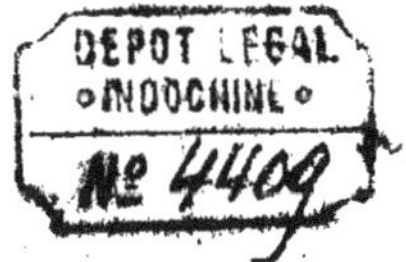

VADE-MECUM

DE L'INSTITUTEUR AU TONKIN

1ère ÉDITION 1925

TOUS DROITS RÉSERVÉS

EDITION

DE LA SOCIÉTÉ DE PATRONAGE DES ÉCOLES PUBLIQUES

NAM-DINH

VADE-MECUM

DE L'INSTITUTEUR AU TONKIN

Edition

DE LA SOCIÉTÉ DE PATRONAGE DES ECOLES PUBLIQUES

NAM-DINH

PRÉFACE

A Messieurs les Membres de l'Enseignement primaire au Tonkin.

En vous présentant cet opuscule, je suis certain de répondre aux vœux d'un grand nombre d'entre vous.

Sans être très compliquée, l'administration d'une école demande, pour être convenablement assurée, une foule de menues connaissances disséminées dans plusieurs centaines de textes, arrêtés ou circulaires émanant du Gouvernement Général, de la Direction de l'Instruction publique, de la Résidence Supérieure et du Service de l'Enseignement local.

J'ai pensé qu'il importait de réunir en suivant l'ordre alphabétique, comme l'avait déjà fait un ancien chef du Service de l'Enseignement, M. PERALLE, toutes les affaires dont pouvait avoir à s'occuper un directeur d'école du Tonkin. Les recherches se trouvent grandement facilitées de ce fait, et les maîtres ont sous la main la réponse à la plupart des questions qu'il peuvent avoir à se poser.

Je dis "à la plupart des questions" car je n'ai pas la prétention d'avoir, dans cette première édition, examiné tous les points ; il ne m'a pas été possible, non plus, de toujours donner des réponses précises sur des sujets encore controversés.

Le VADE-MECUM tel qu'il est, rendra cependant des services, non seulement aux maîtres entrés dans les cadres, mais encore aux jeunes instituteurs auxiliaires stagiaires qui auront à préparer l'examen, nouvellement organisé, du Certificat d'aptitude pédagogique.

Je n'ai pas cru devoir m'étendre sur les articles purement pédagogiques, mais je conseille vivement aux maîtres de s'abonner au "Petit courrier des examens et Concours en Indochine" (1). Ils y trouveront le moyen de perfectionner leur instruction, et des leçons de pédagogie pratique leur donneront les éléments nécessaires à la préparation du certificat d'aptitude.

R. E. M.

---

(1) Publié par la Société de Patronage des Ecoles publiques de Namdinh — Prix de l'abonnement annuel : 2 piastres.

VADE-MECUM DE L'INSTITUTEUR AU TONKIN

Absence. — *(Autorisation d'.)* - Voir *Permission*.

Absences des élèves. — Les élèves ne peuvent s'absenter de l'école que pour des motifs sérieux : maladie, décès d'un des membres de la famille, cérémonie cultuelle, difficultés accidentelles dans les communications.

Lorsqu'un enfant s'absente sans permission, il doit être puni à son retour ; si l'absence sans permission se prolonge au delà de 8 jours, l'élève doit être rayé du contrôle. Le fait est signalé dans le rapport trimestriel Sont rayés également les élèves qui, après les vacances, ne rentrent pas au jour fixe. Avec un peu de fermeté, les maîtres pourront obtenir une fréquentation scolaire régulière, sans laquelle aucun progrès n'est possible.

En ce qui concerne les motifs invoqués par les élèves, les maîtres doivent tenir compte des circonstances locales pour les accepter ou les rejeter. -- Il ne peut exister en cette matière de règle absolue, de même que pour la durée des absences.

Néanmoins, il y a lieu dans la majorité des cas de considérer l'absence sans permission comme un acte d'indiscipline et d'infliger une punition.

Absences du personnel. --- Pendant les heures de classe le maître ne peut, sous aucun prétexte, être distrait de ses fonctions, ni s'occuper d'un travail étranger à ses devoirs scolaires. Il lui est interdit de s'absenter de son poste sans y avoir été régulièrement autorisé et sans avoir donné avis aux autorités locales.

Les permissions sont accordées, lorsqu'elles n'excèdent pas 8 jours, par le Chef de la province (1) et au delà de

(1) Quelques chefs de province délèguent leurs attributions à l'Inspecteur primaire du Secteur. (Se renseigner à ce sujet).

8 jours par le Chef du service de l'Enseignement. Ces deux autorités se communiquent leurs décisions. Toute demande de permission pour raison de santé doit être accompagnée, partout où c'est possible, d'un certificat médical délivré par un médecin de l'administration indiquant la nature de la maladie et la durée de l'indisponibilité.

Si aucune pièce justificative n'est fournie à l'appui des demandes de permission pour raisons de famille ou pour convenances personnelles, ces demandes ne pourront être prises en considération que sous réserve de la production par l'intéressé, à l'expiration de sa permission, d'une attestation délivrée par l'autorité compétente (mariage, maladie, décès, etc). Le lieu où l'intéressé compte jouir de sa permission doit toujours être précisé.

La durée des permissions qui peuvent être accordées aux maîtres, non compris les délais de route, s'il y a lieu, est en principe de trois jours à l'occasion de leur mariage et, pour le décès d'un membre de leur famille de 2 à 4 jours suivant degré de parenté. Pour permettre au service de calculer les délais de route, la demande doit indiquer le village où le maître doit se rendre.

Les demandes de permission doivent être tout à fait exceptionnelles et motivées par des raisons impérieuses.

Il est tenu compte de l'assiduité des maîtres dans l'établissement des propositions pour l'avancement.

Les demandes de permission sont adressées par la voie hiérarchique. En cas d'urgence (décès d'un proche parent par exemple) la demande peut être adressée télégraphiquement (avec réponse payée) au Chef du service de l'Enseignement. Les pièces justificatives sont produites au retour.

En cas de maladie, le Chef de service (ou l'Inspecteur primaire de la Circonscription) doit être immédiatement avisé. Le maître aura tout intérêt à se présenter à l'Hôpital pour obtenir du Médecin Chef le repos qui lui est nécessaire et pour s'y faire soigner.

Accidents. — Le maître devra donner tous conseils utiles à ses élèves pour éviter les accidents, interdire les jeux violents ou dangereux, les batailles, les jets de pierres, — il devra inviter les élèves à déposer leur porte-plume dès qu'il n'ont plus à écrire-, les empêcher de tendre en avant ou en l'air crayon ou porte-plume, etc.

Si un accident se produit en classe ou dans la cour, le maître avisera aussitôt le ly-truong, puis fera transporter l'enfant dans sa famille, non sans avoir essayer, dans la mesure de ses moyens, d'atténuer les dangers de l'accident (pose d'attelles en cas de fracture, ligature en cas d'hémorragie, etc).

Le maître devra faire un rapport à son inspecteur si l'accident présente quelque gravité. Il donnera tous renseignements concernant l'élève et indiquera avec précision dans quelles conditions l'accident s'est produit.

Les maîtres ne devront pas oublier que les élèves restent sous leur surveillance pendant la récréation.

Acquisition de locaux. — L'Administration du Protectorat pour les écoles subventionnées, les diverses collectivités indigènes pour les autres écoles, peuvent acheter des locaux pour servir de salles de classe, en leur faisant subir, ou non, des modifications. — Les directeurs d'écoles signaleront les locaux convenables dont il pourrait être fait acquisition (joindre plan, indiquer nom du propriétaire, état du local, matériaux entrant dans sa construction, prix demandé, etc).

Il n'est utile de fournir ces renseignements que dans le cas d'insuffisance des locaux occupés.

Acquisition de mobilier (Voir *Mobilier*).

Actes de naissance. --- Conformément aux dispositions du Code Civil annamite, les naissances doivent être enregistrées par un officier de l'État-civil désigné dans chaque village.

Le code civil n'a pas été mis en application partout à la même date, mais on peut considérer que l'État civil existe à peu près dans tous les villages à partir du 1er Janvier 1925.

Les maîtres doivent être les auxiliaires de l'Administration et engager les habitants à faire les déclarations exigées.

Les officiers d'État-civil enregistrant gratuitement les naissances, l'exécution de cette formalité n'occasionne donc qu'un léger dérangement.

Les enfants dont la naissance n'est pas déclarée rencontreront plus tard de graves difficultés.

Actes de naissance (*Extraits*). --- Des extraits d'acte de naissance sont délivrés par les officiers de l'État-civil moyennant une redevance de 0$10 au profit du budget communal. --- (Certaines villes sont autorisées à percevoir davantage).

Ces extraits doivent recevoir un timbre de 0$36 sauf s'ils sont destinés à la Caisse des retraites ou joint à une demande de secours, de bourse, etc.

Bien que le cas ne soit pas prévu, il semble que les actes remis à l'appui d'une demande d'admission dans une école primaire sont exonérés du droit de timbre.

Actes de notoriété. -- Les actes de notoriété tenant lieu d'actes de naissance ne sont plus valables pour les enfants nés après la date d'établissement de l'État civil dans leur village.

Les actes de notoriété non destinés à un service public doivent être timbrés à 0$36 lorsqu'ils sont d'un format supérieur au papier timbré à 0$12 (17^{cm}1 2 × 25 ^{cm}) — L'acte de notoriété à 3 témoins est toujours sur papier à 0$36 (21^{cm} × 30^{cm} simple ou double).

Comme toutes les pièces d'État-civil, l'acte de notoriété ne doit comporter ni surcharges ni grattages.

Actes d'Etat-civil. — L'Etat-civil comprend la naissance, le mariage et le décès — Ces trois étapes de la vie doivent être déclarées à l'officier de l'Etat-civil qui les enregistre. Les parents compromettent l'avenir de leurs enfants en omettant de déclarer leur naissance — *(Voir actes de naissance)*. Les actes de mariage et de décès offrent la même utilité, des extraits et des copies de ces actes sont délivrés dans les mêmes conditions que les actes de naissance.

Adaptation de l'Enseignement. — Le maître ne doit pas oublier que " bien enseigner n'est pas enseigner beaucoup " : "enseigner, c'est choisir. "

Pour que son enseignement profite à tous les élèves, il y a nécessité pour le maître de bien adapter les programmes de l'école qu'il dirige. Tout en se conformant aux programmes officiels, il approprie son enseignement aux conditions et aux besoins locaux et régionaux ainsi qu'aux aptitudes et à la destination de ses élèves — Il s'ingénie à adapter à ces nécessités particulières les sujets de ses causeries, les exemples dont il les illustre et les exercices d'application qu'il propose.

Son effort d'adaptation porte principalement sur le choix des lectures, des sujets de rédaction et de leçons de choses, des exemples géographiques, des exercices d'arithmétique et de travail manuel.   *(D'après R. S. Art. 18.)*

La plupart des écoles étant situées dans des centres agricoles, il est évident que le maître cherchera autant que possible à développer chez ses élèves le goût de l'agriculture et l'amour de la terre — et il puisera ses exemples dans la vie rurale.

Adaptations des locaux. — Beaucoup d'écoles sont installées dans des locaux assez mal disposés pour recevoir des classes. Il appartient aux Directeurs de ces écoles de tirer le meilleur parti de la place qui leur est octroyée.

Pour les aménagements, il faut tenir compte de ce que ces locaux ne sont que provisoirement à la disposition de l'enseignement et par suite éviter des frais considérables, ou des modifications importantes.

Une cloison de bambou tressé peut à la rigueur suffire pour séparer deux classes ; des planches bien posées peuvent recouvrir les intervalles laissés entre des lits de camp en maçonnerie.

Adjoints. — Les adjoints doivent apporter leur entière collaboration au succès de l'école, montrer de la déférence envers le Directeur, se conformer à ses instructions et recueillir ses conseils.

(R. S. Art. 36)

D'autre part les Directeurs se montreront justes envers leurs collaborateurs, et leurs conseils seront toujours empreints de la plus grande bienveillance.

Ils n'oublieront pas qu'ils doivent jouer auprès de leurs collègues plus jeunes ou moins instruits le rôle du frère aîné dans la famille.

Admission des élèves. — Les enfants sont admis dans les écoles Franco-annamites à partir de :

<table>
<tr><td>7 ans au Cours Enfantin</td><td rowspan="5">années révolues dans le courant de l'année scolaire.</td></tr>
<tr><td>8 ans   d·   Préparatoire</td></tr>
<tr><td>9 ans   d·   Elémentaire</td></tr>
<tr><td>10 ans   d·   Moyen</td></tr>
<tr><td>11 ans   d·   Supérieur</td></tr>
</table>

(R. I. P. Art. 127.)

L'âge maximum n'est pas fixé. Il y a intérêt à ne pas prendre d'élèves âgés de plus de 9 ans au Cours Enfantin, 10 ans au Cours Préparatoire, 12 ans au Cours élémentaire, 13 ans au cours Moyen, 15 ans au Cours Supérieur.

Les admissions, prononcées par le Directeur de l'école, se font à la rentrée de septembre et après le Têt.

Pour être admis dans une école publique, les enfants sont tenus de fournir les pièces suivantes :

1· Un acte de naissance ou un acte de notoriété en tenant lieu.

2· Un certificat médical constatant que l'enfant n'est atteint d'aucune maladie contagieuse et qu'il a été vacciné.

Ces pièces sont conservées à l'école pendant toute la scolarité.

Les enfants qui proviennent d'autres écoles doivent produire, en outre, un certificat de scolarité afin d'éviter de reprendre des élèves qui auraient été renvoyés d'une autre école pour indiscipline. Ce certificat peut être établi conformément au modèle donné. (*Voir Certificat de scolarité*).

Lorsque le nombre de places dans une école est limité il y a lieu de recevoir d'abord les élèves de la ville ou du village, puis ceux des environs immédiats.

Lorsque l'école est payée par plusieurs villages, ce sont naturellement les enfants de ces villages qui doivent être acceptés en premier lieu.

Admission des maîtres dans les cadres (*conditions d'*). — Au moment de leur admission dans les cadres, les fonctionnaires doivent fournir en double expédition les pièces énumérées ci-après destinées à former leur dossier à la Caisse locale des retraites :

a) Fonctionnaires mariés :

1· Acte de naissance (établi par les autorités du lieu de naissance) — ou acte de notoriété en tenant lieu.

2· Certificat de mariage avec indication du lieu et de la date du mariage (établi par les autorités du lieu de mariage).

3· Acte de naissance et fiches d'identification de la femme et des enfants.

b) Fonctionnaires célibataires.

1· Acte de naissance.

2· Déclaration de célibat datée et signée par l'intéressé.

Les fonctionnaires doivent indiquer leur grade et leur numéro matricule en haut de chaque pièce,

(Voir : *Actes de naissance, actes d'Etat civil, Déclaration de Célibat, Fiche d'identification pour l'établissement de ces pièces*).

Adultes (*Cours d'*). — L'intérêt général impose aux maîtres l'obligation de ne pas recevoir dans leurs classes des élèves trop âgés dont les progrès généralement très lents entraveraient ceux de leurs camarades. C'est du reste en vue des élèves âgés qu'ont été prévus les cours d'adultes. Ces cours pourront être institués dans les écoles primaires de plein exercice et les écoles élémentaires par décision des chefs d'administration locale.

Les programmes des cours d'adultes doivent présenter un caractère essentiellement pratique.

Ainsi on doit y enseigner: la résolution de problèmes usuels. la rédaction de lettres d'affaires, des notions d'agriculture et de droit usuel. Dans les centres urbains, on enseignera aux adolescents les premiers principes de la comptabilité, la correspondance commerciale, le dessin, la dactylographie, etc....

Les conditions de fonctionnement de ces cours ne sont pas encore nettement déterminées. — Il semble que, dans les écoles de plein exercice, des cours pourraient être créés, l'administration payant le personnel, et les élèves, l'éclairage et les autres frais.

Dans les villes. la municipalité pourrait se substituer aux élèves sans charge exagérée pour son budget,

Affaires disciplinaires. — Voir *Conseil de Discipline :*

Affectations. — Les instituteurs et les instituteurs auxiliaires peuvent être envoyés dans n'importe quel poste du Tonkin. En principe les instituteurs et institutrices sont appelés à diriger des écoles à 2 classes et plus ou des cours moyens ou supérieurs dans des écoles de plein exercice. Les instituteurs et institutrices auxiliaires peuvent être nommés directeurs d'écoles à une ou deux classes, ou chargés des cours élémentaires, préparatoires et enfantins.

Des instituteurs peuvent remplacer des instituteurs auxiliaires dans les cours élémentaires suivant les disponibilités en personnel.

A 25 ans, les instituteurs peuvent être appelés à servir dans la haute région suivant un tour préalablement établi.

Le refus d'accepter un poste entraine pour le fonctionnaire des poursuites devant un Conseil de discipline.

Affichage. – Les tableaux suivants doivent être affichés dans l'école.

Emploi du temps.
Liste des ouvrages utilisés en classe.
Tableau des répartitions mensuelles.
Tableau des jours de fête (lorsque l'École est installée dans un local affecté au culte).

On peut y ajouter : Les dates des compositions mensuelles.
La liste des élèves avec N° Mle et adresse.
Le classement mensuel.
L'inventaire du mobilier.
Une ardoise indiquant chaque jour l'effectif total et le nombre d'absents.

Age d'admission à l'école : Voir *Admission des élèves*

Age requis pour enseigner.— En principe les maîtres doivent être âgés de 18 ans au moins. --- Cependant l'Administration peut exceptionnellement engager des agents temporaires de 17 ans.

Age requis pour entrer dans les cadres. --- Pour être titularisés les maîtres doivent avoir 20 ans.

Ils ne peuvent plus être titularisés après 25 ans révolus.

Agriculture. --- Si les programmes ne comportent pas l'enseignement de l'agriculture, il est tout de même évident que le maître ne peut passer sous silence la principale source de richesse du pays. Toutes ses leçons devront tendre au contraire dans les écoles rurales, à faire aimer la terre et à enseigner les procédés propres à lui faire produire davantage.

Ancienneté.---Dans les grades et classes comportant un avancement à l'ancienneté, les instituteurs et institutrices, les instituteurs auxiliaires et les institutrices auxiliaires qui n'auront été l'objet d'aucune mesure disciplinaire équivalente ou supérieure au blâme seront promus de droit à la classe supérieure, lorsqu'ils auront accompli en service effectif deux fois et demie le temps minimum exigé pour passer à la classe supérieure.

(*R. de l'I. P. Art. 116-117 et 118.*)

TEMPS MINIMUM
nécessaire pour l'avancement

Cadre des Instituteurs auxiliaires

Stagiaire   minimum   1 an maximum **3 ans.**
8ᵉ cl. . . . . .1 an
7ᵉ cl. . . . . .1 an
6ᵉ 5ᵉ et 4ᵉ . . . . . .2 ans
3ᵉ et 2ᵉ . . . . . . .3 ans
1ʳᵉ et principal de 2ᵉ cl, 4 ans

Cadre des Instituteurs

Stagiaire   minimum   1 an, maximum 3 ans
8ᵉ et 7ᵉ cl . . . . .1 an
6ᵉ,5ᵉ,4ᵉ,3ᵉ,2ᵉ,1ʳᵉ principal de 2ᵉ cl. 2 ans
Principal de 1ʳᵉ cl. . . . . . . ,3 ans

Les instituteurs et institutrices auxiliaires stagiaires qui ne sont pas titularisés à l'expiration de leur 3ᵉ année de stage sont licenciés.

Appel des élèves. — L'appel des élèves se fait au commencement de chacune des deux classes de la journée. Par les classes à effectif réduit, le maître peut facilement constater les absences, et les inscrire sans faire l'appel. Pour éviter une perte de temps assez sensible dans les classes importantes, le maître peut préparer un plan de la classe avec le nom des élèves à la place qu'ils occupent. Il relève alors facilement d'un coup d'œil le nombre d'absents et le nom de chacun.

Appel (*Registre d'*). Le registre d'appel est le cahier sur lequel le maître inscrit les noms des élèves, mois par mois, ainsi que les absences. Ce registre est fourni par l'administration.

Les élèves manquant pendant la matinée sont marqués, dans la colonne du jour, par un trait vertical (I), et ceux qui sont absents le soir, par un trait horizontal (—), de sorte que les deux absences d'une même journée se trouvent indiquées, par une croix (-'-). Dans la seconde colonne de chaque journée, le maître indique le motif de chaque absence : avec permission (P), sans permission (S P) pour maladie (M).

A la fin de chaque mois, les présences possibles, les présences effectives et les absences sont respectivement totalisées, puis la moyenne des présences calculée. Les présences sont comptées à raison de deux classes par jour, déduction faite des dimanches, des jeudis et des jours fériés.

Les présences et les absences ne sont comptées que du jour de l'admission des élèves — Elles ne sont plus comptées à partir du jour de leur radiation.

Pour trouver la moyenne des présences par classe, on divise le total des présences effectives par le nombre des classes du mois.

Exemple. — Supposons que nous avons à trouver la moyenne des présences du mois de Novembre 1925 dans une classe comprenant 66 élèves :

Nombre de demi-journées de classe :   39
Nombre de présences possibles $39 \times 66 = 2574$

Nombre d'absences   77

Nombre de présences effectives

$$2574 - 77 = 2497$$

Moyenne des présences : $\dfrac{2497}{39} = 64, 02 —$

Ce registre permet de suivre jour par jour la fréquentation scolaire des élèves.

Une partie de ces indications se trouve reportée dans le rapport trimestriel, aussi ce registre doit il être tenu avec le plus grand soin.

Les maîtres engagent gravement leur responsabilité en omettant sciemment de marquer toutes les absences.

Application (*Ecoles d'*). — Ces écoles sont destinées à recevoir les élèves des Ecoles normales qui assistent aux classes modèles faites par des instituteurs. Elles sont le complément indispensable des Ecoles normales, et sont connues en France sous le nom d'Ecoles annexes.

Des classes d'application existent également à Namdinh pour les élèves du Cours normal.

Aptitude physique. — (*Certificat d'*). — Toute candidat a un emploi dans l'enseignement doit fournir un certificat d'aptitude physique constatant qu'il n'est atteint d'aucune infirmité ou maladie chronique de nature à le rendre impropre au service — Ce certificat doit contenir une photographie récente du candidat. La signature du médecin doit être apposée en partie sur la photographie. Des formules sont mises à la disposition des intéressés par le Chef du Service de l'Enseignement et par les Inspecteurs chargés d'une circonscription.

Les certificats d'élivrés par les médecins de l'administration (européens ou indigènes) sont seuls valables.

La signature du médecin-visiteur doit être légalisée par le Maire ou le Chef de la province.

Les médecins de l'administration ne peuvent exiger aucune rétribution pour l'examen du candidat, et l'établissement du certificat.

Aptitude pédagogique *(Certificat d')*.— Ce certificat est exigé des instituteurs et institutrices auxiliaires sta ginires pour être titularisés. Les maîtres en service le 18 septembre 1924 n'ont pas à subir cet examen.

Archives.—Les archives comprennent les registres dont la tenue est obligatoire, les travaux scolaires qui valent la peine d'être conservés, les cahiers de roulement, les diplômes et les médailles obtenus aux expositions et aux concours, les journaux officiels, la correspondance.

Les archives dûment étiquetées sont placées dans une armoire. La liste des archives est dressée sur un cahier avec un No d'ordre et le Directeur de l'école doit les prendre en charge lorsqu'il prend possession de son poste.

Modèle

No	DÉSIGNATION des archives	NOMBRE de dossiers	OBSERVATIONS

On placera sous une chemise spéciale les pièces de principe (circulaires, lettres et notes ayant un caractère documentaire).

Il y a en outre intérêt à ouvrir un registre « Journal de la vie scolaire » dans lequel le Directeur note au fur et à mesure les principaux faits (Création de l'école avec date et circonstances, inauguration, nomination du personnel, liste des Directeurs avec dates de prise de service et de cessation de service, transferts, changements de local, visites des autorités, etc).

Si ce registre n'existe pas, il peut être commencé par un rappel des principales da'es (création notamment) et des noms des Directeurs qui se sont succédés à la tête de l'Ecole.

Arrivée (*Correspondances à l'*). — Les lettres à l'arrivée doivent être classées avec soin dans une chemise par ordre de réception. Pour faciliter les recherches, il est nécessaire de les mentionner sur un registre dressé conformément au modèle suivant :

Registre de correspondance à l'arrivée

N° d'ordre	DATE d'arrivée	N° et date d'envoi	Expéditeur	OBJET

En fin d'année scolaire, elles sont ficelées dans une chemise et placées dans les archives, à l'exception des pièces de principe qui doivent être classées à part. Les correspondances appartiennent à l'école et non aux maîtres sauf si elles lui sont adressées personnellement.

Associations.— Il existe au Tonkin un certain nombre d'associations auxquelles maîtres ou élèves ont intérêt à s'affilier. Pour les maîtres, on peut citer l'Amicale des instituteurs indigènes, les sociétés d'Enseignement mutuel, les sociétés de patronage des Ecoles publiques. Cette dernière forme de société reçoit aussi les élèves, et met à leur disposition des jeux, des livres, etc. Elle entretient des boursiers, organise des groupements sportifs, offre des prix aux meilleurs écoliers.

Se renseigner sur les associations qui existent au Chef-lieu de la province.

Ateliers scolaires.— Des ateliers spéciaux sont annexés à certaines écoles importantes (éventails à Sontây, nattes à Thaibinh). Ils reçoivent des élèves particuliers, étrangers à l'école primaire et constituent plutôt des embryons d'écoles professionnelles. — Leur utilité est incontestable et il importerait d'en augmenter le nombre.

L'enseignement du travail manuel, tel qu'il est prévu dans les programmes officiels, nécessite l'installation de petits ateliers à l'usage des élèves des cours moyens et supérieurs. Ces ateliers n'existent pas, et le manque de locaux ne permet pas de les créer. — Ils contribueraient cependant à faire mieux considérer le travail manuel et par suite l'ouvrier.

Certains Chefs de province ont envisagé, sans y donner suite jusqu'à présent, l'organisation d'écoles élémentaires à 1/2 temps, comportant le matin une classe de 7h à midi, et l'après-midi, avec les mêmes élèves, un petit cours professionnel tendant à répandre certaines industries familiales (dentelles, nattes, travail des cheveux, etc).

Autorités scolaires. — Les autorités préposées à la surveillance de l'école sont, d'une part, le Chef de la province et ses Délégués français ou indigènes au point de vue administratif ; le Chef du service de l'Enseignement, l'Inspecteur en chef de l'Enseignement primaire, et les Inspecteurs délégués par le Directeur de l'Instruction Publique ou le Chef du service, et, d'une manière permanente, au point de vue professionnel, par l'Inspecteur primaire de la circonscription.

Le Chef de la province a toute qualité pour se renseigner sur la valeur de l'Enseignement distribué dans les écoles. D'autre part, il semble que l'Inspecteur des Écoles du secteur est le délégué tout désigné du Résident au point de vue administratif.

(Voir aux mots Résident, Délégués, Mandarins, Notables, Ly-Truong, Chefs de canton, etc, pour les attributions de ces diverses personnes).

En fait, dans la plupart des provinces, l'Inspecteur primaire est le délégué du Résident, mais son rôle, insuffisamment déterminé, ne permet pas encore une unification complète du service dans l'ensemble du pays.

Autorisation d'enseigner (*Voir Ecoles privées*).

Autorités. *(Rapports avec les).* — Les maîtres doivent se montrer respectueux à l'égard des Chefs et Sous-chefs de canton, des ly-truong et pho-ly, du Président du Conseil communal (chanh-huong-hôi) et des notables. Les autorités communales et cantonales sont les personnes les plus expérimentées et les plus influentes de la localité. Elles y jouent un rôle prépondérant. Il est donc du devoir du maître et de l'intérêt des élèves de gagner l'estime et la sympathie de ces personnes qui peuvent contribuer au bon fonctionnement de l'Ecole.

En outre, les notables connaissent admirablement l'esprit des populations. Très au courant des coutumes locales, ils sont pour le maître de précieux conseillers dans les mille difficultés qui peuvent survenir.

En cas de conflit, les maîtres devront informer immédiatement l'Inspecteur des Ecoles de la circonscription et le mettre franchement au courant de la situation.

Avancement (*Conditions d'*).— L'avancement est donné dans la proportion de la moitié à l'ancienneté jusqu'au grade d'instituteur ou d'institutrice principal de 3e classe et jusqu'au grade d'instituteur auxiliaire ou d'institutrice auxiliaire titulaire de 3e classe.

Pour les grades et classes supérieurs, l'avancement a lieu exclusivement aux choix.

Pour obtenir un avancement, les intéressés devront avoir accompli effectivement le temps de service minimum exigé pour passer à une classe ou à un grade immédiatement supérieur et être l'objet d'une proposition régulière.

Les maîtres n'ont pas à solliciter leur avancement, qui leur sera naturellement accordé s'ils le méritent. Ils ne doivent généralement pas espérer être nommés avec le temps minimum, d'autre part, il leur est permis d'adresser une réclamation si, le temps maximum accompli, ils n'ont pas été l'objet d'une promotion.

Le retard dans l'avancement peut être prononcé par le Conseil de Discipline en cas de faute grave.

Bail. — Certains locaux sont loués à bail— Le paiement de la location est effectué directement par le Service de l'Enseignement.

Le Directeur de l'Ecole peut attirer l'attention du Chef de Service sur les réparations qui incombent au propriétaire de l'immeuble.

Balayage. — Le balayage des classes est fait deux fois par jour par le planton de l'école. A défaut de planton, ce sont les élèves qui en sont chargés à tour de rôle. Pour éviter la poussière, il faut ouvrir les portes et les fenêtres des salles et semer auparavant du sable ou de la sciure humide. Après le balayage, il faut essuyer convenablement les meubles au moyen d'un torchon légèrement humide.

Les plantons peuvent fabriquer eux-mêmes leurs balais, qui seraient autrement à la charge du service pour les écoles subventionnées entièrement. Pour les écoles cantonales et communales, les villages pourraient assurer la propreté des locaux, qui leur appartiennent, autrement les écoliers sont appelés à tour de rôle à assurer le service de propreté de l'école, à condition toutefois que tous y participent sans exception.

Banc. — Les tables scolaires sont fournies avec des bancs mobiles. La hauteur des bancs doit être en rapport avec la taille des élèves, c'est à dire que ceux-ci étant assis, les pieds reposant normalement sur le sol, le bord de la table doit être à la hauteur du creux de l'estomac.

Pour les dimensions (Voir *Barème*)

Bâtiments scolaires. — Les services de l'Enseignement et des Travaux publics ont établi un plan-type avec ou sans vérandah, comportant une ou plusieurs salles de classe de 6ᵐ de large sur 8ᵐ de long. Les bâtiments construits sur ces plans sont extensibles, c'est-à-dire qu'on peut ajouter à chaque pignon de nouvelles salles de classe.

Suivant les crédits disponibles, les bâtiments sont dotés ou non d'une vérandah, des plafonds sont posés, ou seulement prévus.

Le modèle le plus simple revient dans le delta à 1.500$ par classe (1000$ seulement si le village s'occupe lui-même

de la construction). Un modèle avec plafond, et une vérandah d'un côté, peut coûter 1.800 à 2000$ par salle.

Les villages peuvent construire à meilleur compte, mais les
travaux doivent être surveillés de près pour éviter les mal-
façons : les fondations sont parfois négligées et posées
sur des remblais récents, ce qui occasionne des effondre-
ments partiels et des réparations coûteuses.

Bâtiments scolaires. Usages. — Les bâtiments scolaires
ne peuvent servir à un autre usage sans l'autorisation du Chef
de la province. Cependant par analogie avec ce qui se
passe en France, il semble que les œuvres post-scolaires
autorisées peuvent y trouver leur siège social.

Besoins en mobilier et matériel. — Les besoins en mobilier et en matériel doivent, le cas échéant, être signalés au
cours du 1er mois de l'année scolaire ou immédiatement
après le congé du Têt.

Les demandes sont adressées au chef de la province lorsque le matériel scolaire est à la charge des villages, et au
Chef du service de l'Enseignement du Tonkin si le matériel est à la charge du budget local. (1)

Pour des objets à acquérir et des travaux à effectuer sur
place, le Directeur formule une demande d'autorisation de
dépenses à laquelle il joint un devis estimatif établi d'après
les indications du fournisseur ou de l'entrepreneur et faisant ressortir le prix détaillé des dits objets ou travaux.
(Voir *Devis*).

Toutes les demandes précitées doivent faire l'objet d'une
lettre spéciale et être clairement motivées. Celles qui con-
cernent l'acquisition de tables scolaires, seront accompagnées d'un plan schématique des salles de classe indiquant
le nombre, la disposition et la longueur des tables existan-

______

(1) Toutes ces demandes doivent passer par la voie hiérarchique.

ECOLES PRIMAIRES FRANCO - INDIGENES

Vu et approuvé
Le Résident Supérieur au Tonkin
Signé : MONGUILLOT.

BARÊME

Du mobilier scolaire appropriés aux divers types de salles de classe avec l'effectif d'élèves correspondant.

LONGEUR des salles / LARGEUR des salles	5 à 6 mètres	6 à 7 mètres	7 à 8 mètres	8 à 9 mètres	9 à 10 mètres	OBSERVATIONS
4m50 à 5m00	3 tables de 3m 18 à 21 élèves	4 tables de 3m 24 à 28 élèves	5 tables de 3m 30 à 35 élèves	6 tables de 3m 36 à 42 élèves	7 tables de 3m 42 à 49 élèves	1o — La largeur d'une salle de classe se compte dans le sens de la longueur des tables c'est-à-dire perpendiculairement aux baies d'éclairage situées à droite et à gauche des élèves. 2· — Le type normal d'une salle de classe comportant une superficie d'environ 50mq pour 50 élèves, un grand nombre de types envisagés ci-contre ne présentent qu'un intérêt théorique, tout au moins en ce qui concerne les constructions nouvelles. 3· —Chaque type de salle de classe considéré ci-dessus comporte, tant pour la largeur que pour la longueur, une dimension minimum et une dimension maximum. Le mobilier correspondant a été prévu pour les minima. Avec des dimensions plus grandes on aura simplement un peu plus de jeu et de commodité.
5m00 à 5m50	3 tables de 3m50 21 à 24 élèves	4 tables de 3m50 28 a 32 élèves	5 tables de 3m50 35 à 40 élèves	6 tables de 3m50 42 à 48 élèves	7 tables de 3m50 40 à 56 élèves	4· — Lorsque la largeur des salles est inférieure ou égale à 5 m 50, il y a avantage à installer une seule rangée de tables en ménageant deux dégagements latéraux de 0m75 chacun. Si la largeur des salles dépasse 5m50, il est préférable d'installer deux rangées de tables et de ménager ainsi trois dégaments un central de 0m30 à un mètre et deux latéraux de 0m60 a 0m75 chacun.
5m50 à 6m00	6 tables de 1m75 24 élèves	8 tables de 1m75 32 élèves	10 tables de 1m75 40 élèves	12 tables de 1m75 48 élèves	14 tables de 1m75 56 élèves	5· — Le nombre de tables a été calculé de façon à ménager un espace de 2m50 environ dans le sens de la longueur de la salle pour le bureau et pour un petit passage au fond de la pièce.
6m00 à 6m50	6 tables de 2m00 24 à 30 élèves	8 tables de 2m00 32 à 40 élèves	10 tables de 2m 40 à 50 élèves	12 tables de 2m 48 à 60 élèves	14 tables de 2m 56 à 70 élèves	6· — La place occupée par un élève indigène variant de 0m40 à 0m50, certains types de tables prévus dans le barême se prêtent à recevoir N ou N -- 1 élèves ; d'autres au contraire n'en admettent qu'un nombre déterminé.
6m50 à 7m00	6 tables de 2m25 30 élèves	8 tables de 2m25 40 élèves	10 tables de 2m25 50 élèves	12 tables 2m25 60 élèves	14 tables de 2m25 70 élèves	Hanoi, le 1er Juillet 1923 Le Directeur *de l'Enseignement primaire au Tonkin,* Signé . LAFFERRANDERIE.
7m00 à 7m50	6 tables de 2m50 30 à 36 élèves	8 tables de 2m50 40 à 45 élèves	10 tables 2m50 50 à 60 élèves	12 tables de 2m50 60 à 72 élèves	14 tables de 2m50 70 à 81 élèves	
7m50 à 8m00	6 tables de 2m75 36 élèves	8 tables de 2m75 48 élèves	10 tables 2m75 60 élèves	12 tables de 2m75 72 élèves	14 tables de 2m75 84 élèves	

tes, le nombre, la disposition et la longueur des tables demandées. (Voir *Plan des salles de classe*)

(*R. S. Art. 4*)

Voir également les articles : *Mobilier, Matériel, Fournitures.*

Bibliothèque circulante. — Une bibliothèque pédagogique circulante, qui existait à Hanoi, a été supprimée en 1924.
Des bibliothèques de ce genre pourraient être créées dans
les chefs-lieux des principales provinces. Les livres em-
pruntés circulent en franchise par la poste.

Bibliothèque pédagogique. — Il n'existe pas actuellement
de bibliothèque pédagogique publique, la bibliothèque
pédagogique circulante de Hanoi étant supprimée. Il existe
dans la bibliothèque des groupes scolaires de chefs-lieux un
certain nombre d'ouvrages de pédagogie qui peuvent être
prêtés aux maîtres.

Bibliothèques scolaires. — Des bibliothèques sont
constituées dans toutes les écoles par les soins du service
de l'Enseignement ou des Chefs de province. Elles peuvent
également recevoir des dons des particuliers ou des villages.
Dans ce dernier cas l'agrément de l'Inspecteur des Ecoles
est nécessaire.

Les bibliothèques scolaires comprennent les livres à l'usage du personnel et qui existent par unité. Ils servent aux
maîtres pour la préparation des classes ou le perfectionnement de leur instruction.

D'autres livres peuvent être donnés par quantités plus
ou moins importantes pour être mis entre les mains des
élèves, ce sont surtout des livres de lecture en quôc-ngũ ou
en français. Il paraît inutile d'inscrire ces derniers au
catalogue de la bibliothèque, sauf un exemplaire de chaque
espèce, utilisé par le personnel.

Toutes les écoles sont pourvues des livres de lecture en
quoc ngu les trois premiers cours édités par la Direction de
l'Instruction publique.

Toutes les écoles sont pourvues des livres de lecture en quoc ngu pour les trois premiers cours édités par la Direction de l'Instruction publique.

Les livres mis entre les mains des élèves sont relevés chaque jour.

Dans les écoles à plusieurs maîtres le Directeur devra tenir un registre de prêt des ouvrages.

Modèle de catalogue

No d'ordre	AUTEUR	TITRE de l'ouvrage	PRIX	DATE d'entrée dans la bibliothèque	PROVENANCE	Observations

Modèle de registre de prêt

DATE du prêt	No TITRE de l'ouvrage	ÉTAT	NOM de l'emprunteur	DATE du retour de l'ouvrage	OBSERVATIONS
12 fév. 1925	11 Pédagogie vécue	Bon	Ng -van-Lan	26 fév. 1925	«

Les livres doivent être timbrés, sur la couverture et sur la 1ère page, du cachet de l'école et porter le numéro sous lequel ils sont inscrits au catalogue.

Il est bon également de timbrer les hors textes et les gravures importantes.

A défaut de cachet, écrire le nom de l'Ecole à l'encre.

Billets de chemin de fer à tarif réduit. — Les Compagnies de chemin de fer délivrent aux Chefs d'établissement scolaire des carnets à souche dont les coupons, donnant droit à une réduction de 50·/. sur le prix des billets dans les 3 premières classes, sont délivrés aux élèves retournant dans leur famille à l'occasion des congés ou vacances, ou rejoignant leur école.

Le coupon dûment rempli au nom de l'élève doit comporter la signature du Directeur et le cachet de l'Ecole. Des billets collectifs sont délivrés dans les mêmes conditions de réduction aux Ecoles (élèves de moins de 18 ans) et aux Sociétés.

Les surveillants voyagent également avec réduction (1 par 5 élèves au plus).

Les groupes ne peuvent comporter moins de 5 personnes. Faire la demande à la gare la plus proche au moins 48h à l'avance.

Bordereaux d'envoi. — Ces imprimés, fournis par le Service, servent à transmettre les pièces suivantes :

— Lettre d'un adjoint (une mention marginale *avec avis* pourrait suffire).

— Demande d'un élève, d'une personne étrangère à l'école (la mention d'envoi en marge peut également suffire).

— Plan, copie de pièces diverses.

— Factures ou devis.

— Livres, cahiers, registres, devoirs, procès-verbaux.

Modèle

Résidence Supérieure
au Tonkin
Service de l'Enseignement
No.

le 192

Le Directeur de l'Ecole de . . . . .
à M

Bordereau d'envoi

NATURE DES PIÈCES	NOMBRE	OBSERVATIONS

Lorsqu'il n'est fait envoi que d'une seule pièce, il suffit de mettre la mention d'expédition en marge ou au bas de la pièce, quand cela n'offre pas d'inconvénient.

Bourses scolaires. — Les bourses familiales peuvent être accordées à titre de secours d'étude, aux élèves qui se signalent par leur intelligence et leur travail et dont la situation de famille est particulièrement intéressante.

Les demandes de bourses et de renouvellement de bourses doivent être adressées, dans la première quinzaine de juin de chaque année, à la Résidence par l'intermédiaire de l'Inspecteur des Ecoles.

Toute demande de bourse doit être accompagnée des pièces suivantes :

1º Un acte de naissance,

2º Un certificat d'indigence délivré par le ly-truong et légalisé par le Résident de la province de l'intéressé.

3º Un certificat de scolarité délivré par le Directeur de l'école où l'intéressé fait ses études.

En principe, il n'est accordé de bourse qu'aux élèves des C. M. et C. S. dont la famille habite loin de l'Ecole.

Brevets (Voir *Diplômes*).

Brevets royaux. — Les maîtres de l'Enseignement public ont droit à des grades de mandarinat (Voir *Mandarinat*). Les brevets royaux leur sont délivrés par les soins de la Résidence supérieure, en suivant la voie hiérarchique. Il doit en être accusé réception.

Budget. — Le Chef du Service de l'Enseignement veille à l'exécution du budget de son service, il peut autoriser les dépenses courantes dans la limite des crédits qui lui sont délégués à cet effet.

(Règlement de l'I.P.)

Les agents de paiement doivent connaître les articles de budget correspondant aux soldes dont ils préparent l'Etat. Les bureaux de la Comptabilité, dans les Résidences, donnent ces renseignements.

Bulletins individuels de notes. — Ces bulletins, qui sont envoyés aux écoles une fois par an, vers le 1er Octobre, au moment des propositions pour l'avancement, doivent être remplis très exactement par le personnel enseignant.

Les mentions relatives à l'état des services doivent être d'une rigoureuse précision. Les maîtres intéressés indiqueront les fonctions diverses qu'ils ont assumées au cours de leur carrière ainsi que leur durée. Ils feront connaître les lieux où ils ont exercé soit comme Directeur, soit comme Adjoint. Le grade auquel ils ont été élevés en dernier lieu, leurs promotions antérieures devront également être énoncées avec soin.

Les Directeurs Européens annoteront les notices remplies par leurs subordonnés et feront toutes propositions, soit pour l'avancement, soit pour les distinctions honorifiques qu'ils jugeront méritées.

Les Directeurs indigènes annoteront également les notices de leurs subordonnés dont ils pourront indiquer les désiderata au sujet de l'avancement ou des distinctions honorifiques.

Ces notices seront remises avant le 10 Octobre selon le cas aux Maires d'Hanoi, de Haiphong, de Namdinh ou de Haiduong ou aux Résidents Chefs de province qui les feront parvenir au Service de l'Enseignement local avant le 20 Octobre après les avoir annotées conformément aux règles en usage- (Circulaire No 376c de la Direction de l'Enseignement primaire du 21 Septembre 1922).

Service de l'Enseignement

Année 1925 (1)

RÉSIDENCE SUPÉRIEURE AU TONKIN

PERSONNEL INDIGÈNE

Nom et prénoms : NGUYEN-MANH-LAN. 阮孟蘭
Date et lieu de naissance : 26 juillet 1890 à Phu-Luu (Thai-Binh).
Adresse de la famille : 26 Rue de France — Bac-Ninh.
Célibataire marié ou veuf : Marié. Nombre d'enfants : cinq.
Grade actuel : Instituteur de 7e classe.
Date de la nomination au grade actuelle : 1er janvier 1922.
Date d'entrée dans l'Enseignement : 15 septembre 1915.
Titres universitaires : D. E. C. — B. E.
Distinctions honorifiques et date de leur obtention : Néant.

Etat des services

GRADES ET EMPLOIS	DURÉE			GRADES ET EMPLOIS	DURÉE		
	An	mois	jours		An	mois	jours
Instituteur stagiaire, arrêté No 261 du 15 septembre 1915.	1	11	16	Instituteur à Phu-lang-Thuong (ordre de service N· 162 du 15 sept. 1915).	»	11	16
Inst. tit. de 8e cl. Arrêté No 348 du 28 Août 1917, avec effet du 1er septembre.	3	10	10	Instituteur à l'école des garçons à Chiêm-Hoa (o. d. s. No 98 du 15 août 1916) avec effet du 1er sept.	4	»	»
Inst. tit. de 7e cl. (arrêté du 11 juillet 1921).	3	5	20	Directeur de l'école de Quât-Lâm (Namdinh) o. d s. No 162 du 25 août 1920 (effet du 1er septembre).	1	4	
Total	9	3	16	Total	9	3	16

(1) L'année est celle qui suit la date de la confection de la notice. La notice établie le 10 octobre 1924 portera ici 1925.
(2) Compter les services jusqu'au 31 décembre de l'année en cours

Sauf indication contraire dans le corps de l'arrêté ou de l'ordre de service, il y a lieu de compter les services dans les différents grades, ou le temps passé dans un poste, depuis la date de la signature de l'arrêté (ou de l'ordre de service).

Les bulletins individuels de notes des professeurs sont produits en mai.

Bulletin d'inspection. — A l'occasion de leur visite dans une classe, les inspecteurs sont tenus de fournir au service de l'Enseignement un bulletin d'inspection contenant divers renseignements statistiques sur le maître, et sur la classe. La partie concernant le maître doit être remplie par l'intéressé lui-même.

Bureau. — Le bureau du maître doit être placé en face des élèves. Il est plus ou moins surélevé, au moyen d'une estrade pour permettre au maître de bien surveiller ses élèves. Le maître doit faire régner sur son bureau l'ordre et la propreté afin de donner un bon exemple aux enfants.

Cabinets d'aisances. — Les cabinets d'aisances doivent être éloignés des salles de classe pour éviter les mauvaises odeurs.

Deux fois par jour le coolie de l'école doit laver les cabinets à grande eau et les arroser avec une solution de crésyl ou y jeter de la chaux en poudre.

La vidange doit à se faire tous les jours.

La plupart des petites écoles n'ont pas de cabinets ; on peut y suppléer par l'installation de feuillées, emplacements entourés d'arbustes épais et pourvus de fosses que l'on fait combler peu à peu, ou de fosses garnies de récipients que l'on fait vider chaque jour.

Le maître doit veiller à la propreté des lieux d'aisances.

Cachet. — Le Directeur pose le cachet de l'école sur les pièces officielles à côté de sa signature. Le cachet n'est pas indispensable. Les maîtres peuvent être autorisés à en faire confectionner un, mais le modèle doit être soumis au Directeur des Écoles de la circonscription. En principe, il doit comprendre en exergue les mots "Service de l'Enseignement au Tonkin "et au centre les mots "Ecole. . . . de. . . ." avec la nature de l'école (élémentaire ou de plein exercice, et le nom du village. On peut également admettre les expressions "Ecole subventionnée" et "Ecole communale".

Cadeaux. — Il est formellement interdit aux maîtres de recevoir des élèves et de leurs parents une rétribution quelconque et d'accepter aucune espèce de cadeaux.

(*R. S. Art. 31*)

Cadres du personnel enseignant

Le personnel enseignant indigène comprend trois cadres :

1º Cadre des professeurs de l'Enseignement primaire supérieur franco-indigène.

2º Cadre des instituteurs et des institutrices.

3º Cadre des instituteurs auxiliaires et des institutrices auxiliaires.

1er Cadre des Professeurs de l'Enseignement primaire supérieur

	Solde	Classement	Temps minimum de service
Professeurs stagiaires	1320$	2e A	3 ans.
de 4e cl.	1430,	»	2 ans.
de 3e cl.	1540,	»	2 ans.
de 2e cl.	1650,	»	3 ans.
de 1r cl.	1760,	»	3 ans.
Professeurs ppx de 3e cl.	1976,	»	4 ans.
de 2e cl.	2188,	»	4 ans.
de 1r cl.	2400,	»	

2e Cadre des instituteurs et des institutrices

	solde	catégorie
Stagiaires	450 $	4e
de 8e cl	528	»
7e	606	»
6e	684	3e
5e . . . . ,	762	»
4e	840	»
3e	918	2e C
2e	996	»
1e	1074	»
Inst^{rs} principaux / Inst^{ces} principales } 2e . .	1210	2e B
1e . .	1540	2e A
hors classe . .	1870	»

8e Cadre des instituteurs auxiliaires et des institutrices auxiliaires

	solde	catégorie
Stagiaires	270	4e
8e cl	360	»
7e	450	»
6e	528	»
5e	606	»
4e	684	3e
3e	762	»
2e	840	»
1e	996	2e C
principaux de 2e . .	1074	»
1e . .	1200	2e B

Conditions d'admission dans les cadres — Pour être professeur, il faut posséder le Diplôme d'Etudes supérieures avec la mention « Ecole de pédagogie ». Pour être instituteur, il faut posséder le brevet élémentaire ou le Diplôme de fin d'études primaires supérieures, ou avoir satisfait aux examens de sortie des Ecoles Normales. Pour être instituteur auxiliaires il faut posséder le Certificat d'Etudes primaires.

Nul ne peut entrer dans les cadres avant 18 ans, ni après 25 ans (30 ans pour les professeurs, plus le temps passé dans une école supérieure.)

Il faut en outre au point de vue nationalité, être Asiatique citoyen, sujet ou protégé français ou fils reconnu de père français et de mère asiatique, ou de mère asiatique reconnue elle-même par un père français.

Le dossier doit enfin comprendre un certificat de bonnes vie et mœurs, et un certificat d'aptitude physique.

Pour être titularisé, les professeurs doivent avoir servi pendant un an sous les ordres d'un directeur français.

Sont titularisés sans stage, les instituteurs sortis de l'école normale avec le diplôme, et ayant satisfait à l'examen de sortie.

Les instituteurs auxiliaires ne peuvent être titularisés qu'après avoir obtenu le Certificat d'aptitude pédagogique.

Par mesure transitoire, les instituteurs auxiliaires, en service comme stagiaires à la date du 18 septembre 1924 peuvent être titularisés sans ce certificat.

Cahiers. — A) Sont obligatoires pour les élèves :

Le cahier de devoirs journaliers sur lequel l'élève inscrit directement, dans l'ordre où ils ont lieu, les différents exercices.

A partir du cours préparatoire, le cahier de compositions hebdomadaires où l'élève fait chaque semaine une composition portant à tour de rôle sur les différentes matières du programme suivant un ordre arrêté à l'avance et affiché dans la salle de classe.

Le cahier de compositions reste déposé à l'école. Il est remis à l'élève à la fin de sa scolarité.

B) Est en outre obligatoire pour chaque cours, à partir du cours préparatoire, un cahier de roulement où chaque élève inscrit à tour de rôle les leçons et les devoirs d'une journée entière.

Ce cahier qui résume l'histoire intellectuelle de la classe, reste déposé à l'école.

C) Sont facultatifs et peuvent être mis en usage après autorisation du Directeur des Écoles de la circonscription, les cahiers spéciaux d'écriture, de dessin, de travail manuel, de morceaux de récitation, de rédactions et de résumés.

Le maître veille à ce que les cahiers soient tenus avec soin et d'une manière uniforme par tous les élèves,

Une marge suffisante est toujours réservée pour les annotations,

(R. S. Art. 21)

Pour les devoirs ordinaires, la marge doit tenir environ le 1/4 de la page - Pour les rédactions, elle doit être du 1/3 — Une bonne mesure à adopter pour les rédactions est de partager la page en 3 colonnes égales — Le 1er tiers est réservé aux corrections, le 2e au devoir, le 3e à la mise au net.

Cahier de roulement. — À partir du cours préparatoire, les élèves tiennent à tour de rôle un cahier de roulement. Ce cahier est la reproduction exacte, jour par jour, des devoirs écrits faits dans une classe. Comme son nom l'indique, ce cahier passe tour à tour et d'un jour à l'autre aux mains des divers élèves composant un cours. Chacun met naturellement son amour-propre à faire aussi bien que le camarade qui l'a précédé. Il est ainsi porté à s'appliquer davantage

Ce ca.ier est comme l'image de la classe. Il offre une vue complète de tous les travaux faits à l'école. Il permet de constater, non seulement le dègré de force d'un unique élève, mais le niveau intellectuel de toute la classe avec les inégalités ou l'homogénéité qu'elle présente.

Il peut être tenu de telle façon qu'il puisse servir de modèle à tous les élèves.

Le cahier de roulement est la propriété de l'Ecole et doit rester dans les archives.

Cahier (*Correction des*). — En principe les cahiers sont corrigés pendant la classe sous les yeux des élèves, Il est préférable que le maître passe derrière les élèves pour procéder à cette correction dans un ordre variable mais organisé de telle sorte que les cahiers puissent tous être vus au moins 2 fois par semaine.

Les rédactions doivent être corrigées en dehors de la classe, en raison du temps que cette correction demande. Si la classe est nombreuse, le maître peut se borner à ne corriger chaque fois que la moitié des devoirs. La correction en classe est collective et le maître signale les principales fautes relevées.

Candidats au Certificat d'Etudes Elémentaires. — Les candidats au Certificat d'Etudes élémentaires doivent avoir 10 ans au moins au 31 décembre de l'année de l'examen. Ils adressent leur demande sur papier timbré au Chef de la province dans les délais fixés, 15 jours au moins avant l'ouverture de la session (1er mai) – La demande est écrite et signée par le candidat lui-même en français ou en langue indigène Elle est accompagnée de l'acte de naissance (ou de notoriété) du candidat (Voir Certificat d'Etudes Elémentaires) Ils ne peuvent subir l'examen que dans le centre auquel leur école ou leur village est incorporé.

Modèle de demande d'inscription

Je soussigné (nom et prénoms du candidat) né à (suivant le cas : village, huyên, châu ou phu, province, ville, rue numéro), le (jour, mois, année), provenant de l'Ecole (publique ou privée) de (indiquer le lieu), fils de (nom et prénoms du père) et de (nom prénoms de la mère), demeurant à (domicile des parents), ai l'honneur de demander à Monsieur le (Résident ou Maire) de (province ou ville) de bien vouloir me faire inscrire sur la liste des candidats à l'examen du Certificat d'Etudes Elémentaires indigènes qui aura lieu le (date de l'examen) à (localité dans laquelle aura lieu l'examen)

Je désire subir (ou ne désire pas) les épreuves facultatives de français.

Ci-joint un (acte de naissance ou de notoriété).

A............le......................1925

(Signature du candidat.)

Candidats au C. E. P. — Les candidats au C. E. P. doivent avoir 13 ans au 31 décembre de l'année de l'examen. Des dispenses d'âge peuvent être accordées (voir dispenses d'âge). Les demandes sont faites sur papier timbré et sont envoyées, avec l'acte de notoriété de l'interessé à l'Inspecteur des écoles du secteur. Pour les candidats des écoles publiques ou privées, les demandes sont centralisées par les Directeurs de ces établissements, qui dressent une liste par ordre alphabétique des candidats qu'ils présentent.

Les candidats reçus doivent fournir leur photographie : Ils inscrivent au crayon au dos leur nom, lieu et date de naissance, centre d'examen et numéro d'inscription à l'examen. Cette photo est collée sur le diplôme par les soins du service de l'enseignement.

Pour éviter des erreurs ou des retards les candidats pourraient se munir d'une photo, et la remettre immédiatement après leur réussite à l'examen.   (*Voir C E P*)

Caractères chinois. — Les leçons de caractères chinois auront lieu invariablement le jeudi matin à raison de 1 h ½ par leçon. (*Art. 137 du R. G. de l'I. P.*).

Les professeurs de caractères chinois seront recrutés parmi :

1· Les Giao-thu, 2· Les Huân-dao, 3· Les Cu-nhân, 4· Les Tu-tai.

Les cours de caractères pourront être exceptionnellement confiés à des lettrés des Résidences moyennant une indemnité mensuelle de 5 à 6$.

L'enseignement des caractères chinois est facultatif dans les écoles élémentaires. Il est obligatoire pour tous les élèves du cours Moyen et du cours Supérieur des écoles de plein exercice.

Les Directeurs d'école ne devront jamais s'absenter de l'école le jeudi matin aux heures des classes de chinois, ils devront, au contraire, dans l'intérêt de la discipline, ne jamais laisser seul le professeur de caractères. Ils s'assureront que l'enseignement donné par celui-ci est conforme au programme officiel. (*R. G. de l'I. P. Art. 77 et 78.*)

Les villages peuvent être autorisés à faire enseigner les caractères dans les écoles communales à raison de 1 h ½ le jeudi matin. Le professeur de caractères choisi par les notables doit être agréé par le Directeur de l'école. L'Inspecteur des écoles doit être également prévenu, afin qu'il puisse demander à la Résidence l'inscription au budget du village du crédit nécessaire au paiement de ce maître.

Carnet de solde. — Dans les écoles à plusieurs maîtres, le Directeur doit tenir un carnet établi conformément au modèle suivant :

Mois de........1924

Noms des titulaires	Emploi et grades	Somme nette perçue	Emargement

L'Emargement des maîtres constitue quittance vis-à-vis de l'agent de paiement et le sauvegarde contre toute réclamation. Quand un maître a commission de toucher pour un de ses collègues, il émargera lui-même en faisant précéder sa signature de la mention : «Pour M. X......avec son autorisation».

Le salaire des coolies illettrés doit être payé en présence de 2 témoins.

Carnet de notes. -- Les maîtres tiennent un carnet sur lequel ils consignent les notes de leurs élèves. Un carnet tout préparé très convenable, est en vente dans la plupart des librairies du Tonkin. Le maître peut d'ailleurs préparer lui-même ce carnet.

Certains maîtres font tenir le carnet par un élève. Ce procédé permet de nombreuses fraudes.

Carnet d'inspection. — Tous les instituteurs et instituteurs auxiliaires doivent être munis d'un carnet d'inspection délivré gratuitement par le service de l'Enseignement.

La 1re page de ce carnet contient l'état civil du titulaire et sa photographie.

Les pages suivantes comportent le résumé de sa vie de fonctionnaire, elles doivent être scrupuleusement remplies par l'intéressé, car elles serviront chaque année à l'établissement de la notice individuelle.

Enfin les dernières pages sont destinées à recevoir les conseils et les observations des inspecteurs au cours de leurs tournées.

L'examen de ces pages permet à ces derniers de suivre le fonctionnaire et de constater s'il tient compte des observations qui lui sont faites.

Les grattages et surcharges sont interdits. Les maîtres s'exposeraient à des sanctions disciplinaires en perdant ou détériorant ce carnet qui doit les suivre au cours de toute leur carrière.

Cartes d'identité. — Une carte d'identité est exigée de tous les candidats aux examens français ou franco-indigène en Indochine. Cette carte comporte la photographie et la signature du candidat, son état civil, son domicile, elle indique l'école fréquentée. Elle est légalisée par le maire ou le Chef de province. La photographie est recouverte en partie d'un cachet de la Résidence et d'une des deux signatures.

Cartes géographiques. — Chaque école doit posséder les cartes nécessaires à l'enseignement de la géographie. Les écoles élémentaires doivent posséder notamment les cartes du Tonkin et de l'Indochine. Le maître peut faire en outre le plan de la classe, de l'école et du village, la carte du huyên et de la province.

Les écoles de plein exercice doivent posséder des cartes de la France et de ses colonies ainsi qu'une planisphère ou un globe terrestre.

Catégories d'écoles. — Au point de vue de l'enseignement il existe dans l'enseignement primaire élémentaire deux catégories d'écoles : les écoles de plein exercice, qui comprennent les cinq cours primaires, les écoles élémentaires qui ne comprennent que les trois premiers cours, ou un ou deux de ces cours. Parmi ces dernières, il en est quelques unes dirigées par d'anciens tông-sư où le français n'est pas enseigné.

Au point de vue budgétaire, on distingue les écoles subventionnées et les écoles payées par les populations. Certaines écoles sont à la fois à la charge du budget local et des populations intéressées.

La plupart des écoles de plein exercice, les écoles élémentaires de la haute et de la moyenne région sont subventionnées complètement, c'est à dire qu'elles sont entièrement à la charge du budget local. Dans le delta, il y a relativement peu d'écoles complètement subventionnées, et les populations paient la construction de l'école, le mobilier, ou une partie de la solde des maîtres. Les écoles de plein exercice des chefs-lieux de province, les écoles de phu et de huyện sont généralement subventionnées.

Au point de vue des élèves, on peut distinguer les écoles communales, payées en partie par un village et qui ne reçoivent guère que les enfants de ce village, les écoles intercommunales entretenues par plusieurs villages voisins, les écoles cantonales créées pour tout un canton etc.

Centres d'intérêt. — La pratique des centres d'intérêt se rattache étroitement à la question des programmes. Elle comporte un sujet choisi à l'avance, généralement d'ordre concret, qui se rapporte soit à la saison, soit aux circonstances du moment, soit aux outils de l'écolier. Elle peut consister aussi en une idée morale. Autour de ce sujet, pendant un temps plus ou moins long, une semaine au plus, viennent se grouper des leçons et des devoirs aux notions concordantes.

Dans les écoles rurales, les centres d'intérêt doivent avoir pour objet principal les travaux des champs.

Il est bon de savoir se borner et de ne pas rester trop longtemps sur un même sujet. Il ne faut pas davantage s'efforcer de faire rentrer dans le même cadre toutes les matières du programme.

Cérémonies. — Lorsque l'école est installée dans un local affecté au culte, il peut être nécessaire de supprimer certaines classes par suite de cérémonies religieuses célébrées dans le temple ou la pagode.

Un tableau, fixant la date des cérémonies nécessitant la suppression de la classe, signé par le Directeur de l'école et le mandarin de la circonscription, doit être affiché à demeure à l'école. Copie de ce tableau est adressé au Chef de la province sous-couvert de l'Inspecteur des Ecoles.

Lorsque les dates varient, ce tableau est adressé chaque année.

Si la cérémonie dure un seul jour, la classe sera reportée au jeudi suivant. Si les cérémonies sont de longue durée, ou fréquentes, les classes seront reportées au début des vacances.

Le village est responsable des dégâts qui pourraient être commis au matériel scolaire au cours de ces cérémonies.

Certificat d'Etudes primaires français. — Le certificat d'Etudes primaires français sera décerné dans la colonie après un examen public auquel pourront se présenter les enfants de nationalité française ayant atteint au moins l'âge de 12 ans révolus.

(R. de l'I. P. Art. 339)

Les dispositions de l'article 339 du Règlement de l'Instruction publique ne permettent pas aux élèves qui ont fait leurs études dans les écoles franco-annamites de se présenter au certificat d'études primaires français.

Certificat d'études primaires franco-annamites. — Tous les élèves sortant du Cours supérieur, doivent obligatoirement se présenter au Certificat d'études primaires, ceux qui auront échoué à cet examen auront la faculté de faire une année supplémentaire de cours supérieur en vue de s'y présenter une seconde fois.

De même, les élèves du cours supérieur n'ayant pas atteint l'âge requis pour se présenter au certificat auront la faculté de faire une deuxième année de cours supérieur.

Le programme du cours supérieur reste le même pour les élèves redoublants, mais les leçons et les exercices seront gradués pour eux de telle sorte que ces élèves formant une section spéciale, puissent revoir, approfondir et compléter les matières apprises au cours de la première année.

(*R. de l'I. P. Art. 128*)

Tout candidat au certificat d'études primaires doit déposer ou faire parvenir par lettre affranchie au Service de l'Enseignement dans les délais prescrits :

a) Son bulletin de naissance constatant qu'il a l'âge exigé, c'est-à-dire 13 ans révolus au 31 décembre de l'année où il se présente - (14 ans pour les filles).

b) Une demande individuelle d'inscription portant indication de son nom, de son âge (date et lieu de naissance) de sa filiation, de la profession et du domicile de ses parents et de l'école publique ou privée d'où il provient. Cette demande doit être écrite ou remplie de la main du candidat, signée par lui et timbrée. Les candidats provenant d'une école publique remettent leurs demandes à leur Directeur qui les transmet en y joignant :

Un état récapitulatif comprenant le nom, l'âge, la date et le lieu de naissance du candidat, sa filiation, la profession et le domicile de ses parents.

Les listes d'inscription centralisées par le Chef du Service de l'Enseignement sont transmises, en temps opportun, aux Présidents des commissions d'examen.

(R. G. de l'I. P. Art. 307 et 308.)

Tout candidat provenant d'un établissement public devra être muni de son livret scolaire qui sera présenté à toute réquisition des membres de la commission.

C. N° 543c du 14 Avril 1924
D. E. P.

Tous les candidats seront porteurs d'une carte d'identité portant leur signature légalisée, et leur état civil certifié. *(Voir carte d'identité)*

La possession du C. E. E. est exigée de tous les candidats au C. E. P. Par mesure transitoire, les candidats porteurs d'une attestation du Directeur de l'École qu'ils fréquentent spécifiant qu'ils étaient au Cours moyen ou au Cours supérieur le 18 Septembre 1921, sont dispensés de la production du diplôme de C. E. E. Des dispenses d'âge peuvent être accordées. *(Voir Dispenses)*

Certificat d'études Elémentaires

Date : A partir du 1er mai
Age : 10 ans au 31 décembre de l'année de l'examen.
Programme : Cours élémentaire des écoles primaires.
Inscription des candidats : Voir Candidats au C. E. E.

Centres d'examen. — Il est établi dans chaque province autant de centres d'examen qu'il est nécessaire. Il est interdit aux candidats de se présenter dans un autre centre que celui du secteur où se trouve leur école (ou leur village s'ils sont candidats libres) Les secteurs sont déterminés par le Résident 6 semaines au moins avant l'ouverture de la Session.

Centralisation des demandes d'inscription. — Les Directeurs d'établissements publics ou privés dressent, par ordre alphabétique, la liste des candidats qu'ils présentent. Les Ly-truong font de même pour les candidats libres de leur village et les Chefs de quartier pour les candidats de leur quartier.

Modèle de liste d'inscription.

CERTIFICAT D'ÉTUDES ÉLÉMENTAIRES INDIGÈNES.

CENTRE DE   Province de

Session 19

LISTE D'INSCRIPTION

Candidats présentés par le Directeur de l'Ecole de. . . . ou le Ly-Truong de . . . . , ...

No d'ordres	NOMS	NAISSANCE				NOMS et prénoms		PROFESSION du père	DOMICILE des parents	DÉSIRE-T-IL subir les épreuves facultatives
		dates	village	huyên	province	du père	de la mère			

Ces listes, avec les demandes, sont adressées au mandarin de la circonscription qui les transmet sans délai au
Chef de la province.

Commissions. -- Les Commissions sont nommées par
le Résident sur la proposition de l'Inspecteur des Ecoles.
L'Inspecteur des Ecoles ou un autre fonctionnaire français
préside chaque commission. Le mandarin de la circonscription est vice-président de droit. Les membres sont
choisis en nombre suffisant parmi les professeurs, Instituteurs et Instituteurs auxiliaires.

Epreves. -- ECRIT : 1 Une dictée facile de 8 à 10 li-
gnes suivie de questions (5 au plus)

2. Une Rédaction sur un sujet simple

3. Deux problèmes

4. Ecriture notée sur la dictée.

5. (facultatif) Une dictée française avec traduction.

ORAL : 1 Lecture d'un texte facile, avec questions.

2. Interrogations sur la morale, l'histoire et la géographie.

3. Interrogations sur le calcul mental et les connaissances usu-
elles.

4. (facultatif) Lecture française suivie de questions.

Notation : Dictée : 5 points, toute faute grave enlève 1
point, les fautes moins importantes 1 2 point.
Traduction : 5 points. -- Un zéro en dictée ou
en questions est éliminatoire.

Autres épreuves : 10 points. Le zéro est éliminatoire, sauf pour le sépreuves facultatives où un zéro enlève tout droit à la mention de français.

Pour être admissible il faut 20 points, et pour être admis, 35 points.

La mention bien est décernée aux candidats qui réunissent 50 points, et la mention très bien pour 60 points. La mention de français est accordée aux candidats qui réunissent 10 points pour les épreuves facultatives.

Mesures d'ordre. — Les Directeurs d'École sont tenus d'accompagner leurs candidats au centre d'examen, de même les Ly-truong pour les candidats de leur village.

Certificat de cessation de paiement. — Quand le maître est l'objet d'une mutation, il se fait délivrer par l'agent de paiement un certificat où est indiqué la date jusqu'à laquelle il a été tenu au courant de sa solde. Il doit remettre ce certificat à l'agent de paiement nouveau qui le joindra au premier état sur lequel sa solde sera portée.

MODELE de Certificat de Cessation de paiement .

L'Administrateur Résident de France à Haiduong soussigné certifie que M. NGUYÈN VAN MINH, Instituteur de 5ᵉ classe appelé a continuer ses services à Ninh-Binh a été tenu au courant de sa solde et accessoires jusqu'au 31 août 1921.

A Haiduong, le 31 Aout 1921
L'Administrateur Résident

Solde annuelle :   762$.00
Indemnité de logement.:   18$.00

Champs d'expériences. — Des champs d'expériences et des jardins scolaires peuvent être établis à côté de chaque école pour permettre au maître d'attirer l'attention de ses élèves sur les divers procédés de culture, les raisons qui les font adopter, les résultats qu'on obtient.

Un enseignement spécial est donné aux futurs instituteurs à l'école normale, pour leur permettre d'accomplir convenablement cette partie de leur tâche.

Changements de résidence. — Lors d'un changement de résidence, l'intéressé doit se munir à son départ d'une feuille de route et d'un certificat de cessation de paiement. S'il est directeur d'un établissement scolaire, il passe le service à son sucesseur, à l'un de ses adjoints, ou au ly-truong du village. A son arrivée dans son nouveau poste il doit se présenter au chef de la province, à l'Inspecteur des Écoles et au directeur de l'établissement où il doit servir. S'il est chef d'établissement il prendra le service et vérifiera l'inventaire de son école. Il rendra compte de ses observations au Chef de service par la voie hiérarchique. Il fera ensuite des visites aux principales notabilités indigènes.

Chant. — L'enseignement du chant, obligatoire dans les écoles françaises, n'est donné que dans de rares écoles du Tonkin, et les résultats sont généralement médiocres.

Il y aurait intérêt à enseigner quelques chants simples aux maîtres qui pourraient à leur tour les apprendre à leurs élèves.

Dans les écoles de plein exercice, si un maître sait chanter, on pourrait lui confier le soin d'enseigner le chant dans quelques classes. On pourrait également aussi réunir les enfants qui désirent poursuivre leurs études dans une école primaire supérieure afin de leur apprendre à chanter.

Ils ont d'autant plus difficile à apprendre qu'ils sont plus âgés.

Charges de famille. — Il n'est jusqu'à présent tenu aucun compte des charges de famille (ascendants âgés ou infirmes, ou jeunes enfants) dans le choix des postes. Elles ne donnent pas droit davantage à indemnités spéciales.

Chargement, (Réquisition de). — Certains plis doivent être recommandés. Pour cela, le Directeur remet à la poste avec les plis, la réquisition suivante .

Réquisition de chargement

Le Directeur de l'école de. . . . a l'honneur de prier M. le Receveur des Postes et Télégraphes de. . . . de bien vouloir recevoir en franchise le chargement N°... adressé à.
Monsieur le chef du Service de l'Enseignement au Tonkin à Hanoi.

. . . . , le   192   .

Le Directeur de l'École
(Signature et cachet)

Les plis recommandés doivent être cachetés à la cire.

Châtiments corporels. — Les châtiments corporels sont absolument interdits.

Chef de canton. — *Voir notables*

Chef de province. — Le chef de province et ses délégués français ou indigènes surveillent en permanence le bon fonctionnement des écoles primaires de la circonscription.

R, G. de l'I. P. Art. 93.

Les chefs de province délèguent généralement une partie de leurs attributions à l'Inspecteur français des Écoles, gestion des fonds de concours, octroi des permissions jusqu'à huit jours, transmission directe des demandes des maîtres, etc...

Les maîtres devront se renseigner avant d'adresser leur correspondance au chef de la province.

Chef du Service de l'Enseignement. — La direction d'ensemble des écoles primaires élémentaires françaises et primaires franco-annamites, primaires supérieures et secondaires locales du Tonkin ressortit à un fonctionnaire appartenant au corps enseignant qui prend le titre de « Chef du service de l'Enseignement » et qui relève du Résident Supérieur.

Le personnel des inspecteurs primaires, des professeurs et instituteurs exerçant dans les écoles ci-dessus désignées est placé sous ses ordres.

Il exerce d'une façon permanente, soit par lui-même, soit par ses délégués le contrôle de tous les établissements scolaires non entretenus par le budget général. Il s'assure notamment de l'exécution des programmes et emploi du temps particuliers à chaque école, aussi bien que de l'état de conservation ou d'entretien des locaux et de la bonne tenue et des progrès des élèves. Il organise les sessions d'examens français ou franco-indigènes, qui sont de son ressort. Il est dépositaire des dossiers scolaires des boursiers français et indigènes du Protectorat.

Il centralise les bulletins individuels de notes de tous les agents placés sous son autorité. Il les accompagne de ses observations, s'il y a lieu. Il dresse la liste des agents du cadre indigène proposés pour l'avancement.

Il est secondé par un Inspecteur en chef de l'Enseignement primaire.

Circonscriptions d'inspection. — En principe l'enseignement dans chaque province doit avoir à sa tête un inspecteur des écoles. Certaines provinces peu peuplées peuvent être réunies en un seul secteur. Les maîtres sont toujours prévenus en temps utile de la circonscription dont ils font partie.

Les provinces de la haute région peuvent n'être réunies à aucun secteur, en raison des difficultés de communications. Le service d'inspection est alors assuré par des inspecteurs primaires indigènes.

Circulaires. — Les circulaires sont classées à part, dans un dossier de "pièces de principe" lorsqu'elles portent règlementation ou donnent des indications permanentes. Elles sont classées dans la correspondance ordinaire si elles se bornent à demander un renseignement, à indiquer la date d'un congé, etc.

Classement des élèves. — Chaque année, à la rentrée, le directeur répartit les élèves dans les différents cours suivant leur degré d'instruction. Il peut instituer à cet effet un examen. Ce dernier est obligatoire pour les enfants nouvellement admis ainsi que pour les élèves appelés à passer du cours moyen au cours supérieur.

Les élèves provenant d'une autre école sont classés d'après les mêmes règles quels que soient les cours qu'ils aient suivis antérieurement.

Dans les cas douteux, l'élève doit être classé de préférence dans le cours immédiatement inférieur.

Le classement arrêté devient définitif pour toute l'année scolaire; il ne peut être modifié qu'à titre exceptionnel.

R. S. Art. II

Les élèves du cours élémentaire reçus au C. E. E. avec mention de français paraissent pouvoir passer au C.M. sans examen supplémentaire.

Il ne peut être admis au C.M. d'élèves non pourvus de ce certificat.

Classes. — Dans les classes, les tables scolaires doivent être disposées de telle sorte que les élèves aient le principal éclairage à leur gauche. Le bureau du maître fera face, avec, à droite, le tableau noir.

Les tables doivent être espacées les unes des autres afin que les enfants puissent se déplacer et que le maître puisse circuler sans gêne.

Les classes seront balayées deux fois par jour, les meubles, les murs et le plafond seront tenus dans un état constant de propreté. Pendant les récréations, l'air des classes doit être renouvelé. Pour cela, il faut ouvrir toutes les ouvertures.

Classes (*personnel*) voir *cadres*.

Classes (*heures de*) voir *horaire*

Classes-promenades. — Des classes-promenades peuvent être prévues à raison d'une par quinzaine ou par mois, soit pendant une demi-journée de classe, soit le jeudi. Ces classes font l'objet d'une préparation écrite détaillée, au même titre que les autres exercices scolaires.

(R.S..Art.14)

Leur programme doit être établi de telle sorte qu'il permette une revision des leçons de la quinzaine précédente.

Le maître devra surtout exercer l'esprit d'observation des élèves par des interrogations judicieusement posées.

Bien qu'il s'agisse d'une classe, les élèves devront jouir d'une certaine liberté. On ne devra pas exiger, par exemple, la marche en rangs en dehors des agglomérations cependant le maître devra assurer la discipline, et éviter notamment tous dégâts aux récoltes.

Clôture. — Le domaine de l'école doit être clos. S'il n'y a pas de mur, le directeur peut le remplacer par une haie de bambous, d'hibiscus, de cactus ou d'inga. Ce travail peut être fait par le coolie de l'école ou à défaut par les grands élèves.

L'inga est spécialement recommandé, il reprend facilement de bouture au moment du crachin, et, bien taillé, il forme une haie suffisante.

Commission de discipline. — L'inaptitude à l'avancement, la rétrogadation et la révocation seront prononcées après que l'intéressé aura comparu devant une commission dont la composition sera fixée par les chefs d'administration locale en ce qui concerne le personnel des cadres primaires et par le gouverneur général en ce qui concerne le personnel du cadre complémentaire.

Dans les deux cas, la commission doit comprendre:

Un administrateur des services civils, Président ;

Un professeur principal du cadre de l'intéressé;

Un fonctionnaire indigène de l'enseignement d'un grade supérieur à celui de l'agent en cause ou plus ancien que lui en cas d'égalité de grade.

L'agent en cause reçoit communication de son dossier il est admis à présenter sa défense, soit verbalement, soit par écrit.

L'avis de la commission est obligatoirement visé dans la décision prononçant la sanction.

(Art. 56 du R. G. de l'I. P.)

Commerce. — Les professions commerciales sont interdites aux fonctionnaires, tant directement que sous un nom supposé ou par personne interposée.

Commissions d'examen. — Les commissions sont nommées par le Chef du Service de l'Enseignement pour tous les examens primaires—, sauf pour le certificat d'études élémentaires (commissions désignées par le chef de la province sur la proposition de l'inspecteur des écoles).

Elles comprennent un Président (un Directeur d'Ecole pour le C.E.P.), un vice-Président, et des membres en quantité suffisante.

Elles se subdivisent en sous-commissions de deux membres au moins.

Les Présidents de Commission exercent une mission spéciale, ils ont par suite le droit de viser les feuilles de route à l'arrivée et au départ des membres de la commission qu'ils président.

Ils peuvent requérir la police si besoin est.

Communes. — La plupart des villages du Tonkin sont constitués en communes. Les directeurs d'écoles peuvent solliciter le concours des conseils communaux pour attribution de secours aux élèves pauvres, de fournitures gratuites aux mêmes, de récompenses à l'occasion des prix, etc. Il leur suffit de solliciter l'inscription d'un crédit spécial au budget communal.

Les maitres ont le plus grand intérêt à étudier les règles qui président au fonctionnement des municipalités indigènes ; il peut être fait appel à leurs lumières et il est souhaitable qu'il leur soit possible de renseigner les notables, et d'aider ainsi à la diffusion des principes nouveaux que comporte la réforme communale.

Compositions. — Les compositions permettent aux maîtres de mieux connaître leurs élèves et de les classer. Elles obligent les élèves à travailler sérieusement et à fréquenter régulièrement l'école. De plus elles incitent les enfants à réviser leurs cours. Enfin le classement qui résulte des compositions excite l'amour-propre des écoliers et les engage à travailler convenablement.

Il peut être fait 4 ou 5 compositions par mois, de façon qu'au bout de trois mois, toutes les matières du programme aient eu chacune la leur et qu'au bout de l'année scolaire, il y ait eu trois compositions pour les matières les plus importantes et deux pour les autres.

Le résultat des compositions doit être affiché en classe sur un tableau spécial.

Au commencement de l'année, le maître prépare un tableau de compositions hebdomadaires qui doit être affiché en classe et ponctuellement suivi.

Comptabilité. — Les pièces comptables que les maîtres peuvent avoir à préparer doivent être faites très soigneusement (états de solde, factures, feuilles de route et états de débours, etc), sans surcharges ni grattages.

Voir aux mots « états de solde, factures, feuilles de route états de débours ».

Condamnation d'objets. — Aucun objet inscrit à l'inventaire ne peut sortir des écritures qu'à la suite d'une décision du Résident supérieur, prise sur le vu d'un procès-verbal de condamnation établi par une commission spécialement désignée à cet effet. Cette opération sera effectuée de préférence en fin d'année, au moment de la vérification des inventaires.

(R. S. Art. 6)

Congés et vacances. — Les congés et vacances des écoles primaires franco-indigènes sont fixés ainsi qu'il suit (arrêté du 4 décembre 1922):

Les jours légalement fériés ;
Le jour de la fête Trung-Thu ;
Cinq jours pour la Noël et le 1er janvier ;
Dix jours pour le Têt : 3 jours avant, 7 jours après ;
Cinq jours pour Pâques, du jeudi au lundi inclus.
Deux mois et demi (de mi-juin au 1er septembre) à la fin de l'année scolaire.

Lorsque des raisons majeures (inondation, état des locaux, fête et cérémonies. . . .) rendent impossible le fonctionnement des classes, ces dernières peuvent être suspendues sur l'autorisation de l'Inspecteur des Ecoles de la circonscription dans la limite de huit jours et, au delà de huit jours, du Chef du Service de l'Enseignement. Les classes non faites sont alors reportées intégralement, en compensation, aux jeudis suivants ou si l'école a été fermée pendant plus de huit jours, au début des grandes vacances.

(R. S. Art. 15)

Bien que non prévus ci-dessus certains congés sont donnés assez régulièrement comme le mardi gras, le lendemain de la Toussaint, etc.

Conférences pédagogiques. — Les inspecteurs des écoles peuvent organiser dans leur secteur, dans les chefs lieux de phu et de huyên notamment, des conférences pédagogiques pour tous les maîtres d'une circonscription.

Ces conférences présentant le plus grand intérêt pour les maîtres (perfectionnement professionnel, occasion de se rencontrer et de parler français, etc) ces derniers doivent s'y rendre, bien qu'on ne puisse actuellement leur en faire une obligation.

Ils n'ont pas droit aux indemnités de déplacement, aussi les inspecteurs organisent-ils généralement ces conférences le premier jeudi du mois, les maîtres profitant de leur voyage au chef-lieu de la circonscription pour percevoir leur solde.

Les conférences pédagogiques peuvent comprendre une classe modèle, chaque maître ayant la liberté de critiquer les leçons faites, ou de demander à l'inspecteur des renseignements sur les méthodes ou procédés employés.

A l'issue de la classe modèle, une petite causerie peut être faite sur un sujet pédagogique et les maîtres peuvent donner à l'inspecteur des renseignements sur leur classe, leur situation, etc.

Conseil de discipline. —Les maîtres ayant commis une faute grave peuvent comparaître devant un conseil de discipline, nommé spécialement par le Résident supérieur pour examiner chaque affaire. Ces conseils comprennent: un administrateur des services civils, Président, un Professeur français appartenant à l'enseignement du 1er ou 2e degré, un fonctionnaire indigène de l'enseignement plus gradé ou plus ancien que l'agent incriminé. — Ils ont à donner leur avis sur les sanctions à appliquer.

Conseil des maîtres. — Le conseil des maîtres se réunit au commencement et à la fin de chaque année scolaire. Dans l'intervalle, il a lieu tous les trimestres ou tous les mois suivant l'importance de l'établissement; il peut également être convoqué, en cas de besoin, par le Directeur de l'école, à tout autre moment.

Les questions soumises à l'examen du conseil des maîtres

doivent revêtir un caractère d'ordre pédagogique. Les principales sont : la répartition des maîtres dans les classes, l'élaboration du règlement intérieur de l'école, l'établissement de l'emploi du temps, l'application et l'adaptation des programmes, le choix des livres, l'étude des méthodes et des procédés d'enseignement, l'attribution des prix et des éloges aux bons élèves, les réprimandes à adresser aux mauvais élèves.

Coolie. — En principe, toute école doit avoir un coolie chargé du service de propreté des locaux scolaires. Il est choisi par le Directeur avec l'autorisation du chef de service de l'Enseignement qui fixe son salaire. Il peut être renvoyé pour mauvaise conduite ou négligence dans le service par le Directeur de l'école. Sous aucun prétexte, ce dernier ne peut l'employer pour son service personnel.

Le coolie doit être logé à l'école dont il est le gardien. Le directeur doit veiller à ce que le local occupé soit tenu convenablement.

Les écoles subventionnées sont pourvues d'un coolie dès qu'elles ont 2 ou 3 classes.

Coolies des écoles de plein exercices. — Dans les écoles de plein exercice des chefs lieux, la nomination des plantons est réservée au Résident Supérieur qui les choisit parmi les anciens militaires.

Correction des devoirs. — Il ne suffit pas de donner des devoirs à faire; il faut encore les corriger.

Corriger un devoir, ce n'est pas seulement le lire et en signaler les fautes; c'est encore montrer à l'élève comment les incorrections peuvent en être rectifiées. Toute correction bien faite doit déterminer un progrès.

La correction des devoirs est généralement collective. Elle doit avoir lieu pendant les heures de classe, chaque élève corrige son devoir, d'après les indications données au tableau noir par le maître. Celui-ci contrôle ensuite le travail de correction de l'élève.

Quant aux rédactions, elles doivent être corrigées par le maître en dehors des heures de classe. La correction est tout d'abord individuelle. Le maître lit chaque devoir, en signale en marge les principales incorrections, en marque les bons passages. Il formule, en tête de la copie son appréciation générale, qu'il fait suivre d'une note chiffrée. La correction collective vient ensuite compléter la correction individuelle. — En classe, le maître s'adressant à tous les élèves leur indique les fautes et les leur fait corriger en commun.

(Voir aussi à cahiers)

Correspondance. — Les Directeurs d'école ont la franchise postale pour la correspondance officielle avec le Résident de leur province, avec l'Inspecteur des Ecoles de la circonscription et le chef du Service de l'Enseignement. Les lettres ayant un caractère personnel doivent être affranchies. Sur les plis de service, le Directeur doit, en plus de l'adresse, mettre la mention: « Pli de service » avec au dessous son titre officiel et sa signature, puis apposer le cachet de l'école s'il en possède un.

Si les plis sont sous enveloppe fermée, en raison de leur caractère confidentiel il y a lieu d'ajouter la mention N.D.F. (nécessité de fermer).

Les plis ordinaires peuvent être adressés sous enveloppe ouverte, sous bande simple ou sous bandes entrecroisées.

Correspondances à l'arrivée, au départ (voir *arrivée, départ*).

Cour de récréation. — La cour doit être sablée et gazonnée par endroits pour servir aux jeux des élèves. Elle doit être bien entretenue — Pour que les élèves soient à l'abri du soleil d'été, il est indispensable d'y planter quelques arbres afin d'avoir de l'ombre. Le badamier et le cây sau conviennent particulièrement.

Les règlements ne fixent pas la superficie des cours de récréation. En France, un minimum de 5^{m2} par élève est exigé.

La cour doit être close autant que possible.

Cours d'adultes. — (Voir adultes).

Cours Normaux. — Il existe deux cours Normaux à Hanoi (École Normale) et à Namdinh (Groupe Scolaire).

Ces cours recrutent chaque année au concours un nombre plus ou moins grand d'élèves — généralement 40. Les candidats doivent posséder le Certificat d'études primaires, avoir moins de 20 ans et plus de 16 ans, au 31 décembre de l'année du concours. Ils doivent présenter au Directeur de l'Établissement avant le 1er septembre un dossier composé des pièces suivantes :

Demande timbrée.

Engagement de servir au moins 5 ans dans l'enseignement au Tonkin, à partir de leur nomination comme stagiaire.

Engagement du père ou tuteur de rembourser le montant des bourses reçues si l'élève n'achève pas son année d'étude s'il rompt son engagement, ou s'il est renvoyé de l'école, licencié, ou révoqué.

Acte de notoriété (ou de naissance).

Certificat constatant que le candidat appartient à une famille honorable.

Copie du Certificat d'Études primaires.

Livret scolaire ou à défaut certificat de scolarité.

Les élèves reçus perçoivent une bourse mensuelle de six piastres

Cours d'études. — L'enseignement dans les écoles primaires franco-indigènes est réparti en cinq cours : Cours enfantin, Cours préparatoire, Cours élémentaire, Cours moyen et Cours supérieur.

La série complète de ces cours est organisée dans les écoles de plein exercice ; les écoles élémentaires doivent comprendre les 3 premiers.

R. S. Art. 9

Lorsqu'il est nécessaire de scinder un même cours en plusieurs classes, l'enseignement doit être au même niveau dans chaque classe.

Cependant le cours enfantin peut comprendre des classes différentes suivant que les élèves arrivent connaissant ou non le quốc-ngữ.

D'autre part, les Cours Supérieurs ne comprenant que des élèves redoublants doivent recevoir un enseignement d'un niveau un peu plus élevé.

Cours de vacances. — Les maîtres de l'enseignement public peuvent ouvrir des cours de vacances, à condition d'en demander l'autorisation à l'inspecteur des écoles, et de ne pas recevoir à la fois plus de cinq élèves.

Ces cours doivent être faits en dehors des locaux scolaires.

Couture. - L'enseignement de la couture est obligatoire dans les écoles de filles. Il devra être donné conformément aux usages français pour la tenue de l'aiguille, du dé, des ciseaux.

Avant d'apprendre à leurs élèves les broderies et dentelles, les maîtresses devront se rendre compte si celles-ci savent faire une reprise, poser une pièce, etc. Elles auront à lutter contre l'hostilité de quelques élèves qui estiment ces travaux indignes d'elles.

Cours de perfectionnement. — Des cours de perfectionnement, d'une durée de 4 à 6 semaines, peuvent être organisés pendant les vacances dans les principaux chefs-lieux de province.

Ces cours reçoivent les instituteurs auxiliaires qui désirent se perfectionner dans leur métier.

Des classes modèles sont organisées, auxquelles ils assistent et ils peuvent être appelés à faire certaines classes en présence du maître-modèle et de l'Inspecteur des Ecoles.

A leur sortie, ils reçoivent des notes et un classement.

Les maître-modèles reçoivent une rétribution spéciale pour le travail qu'ils effectuent pendant les vacances.

Cours de préparation pédagogique. (Voir *Cours Normaux*).

Cultuels (Locaux). — Pour les écoles élémentaires installées dans les dinh, les temples ou les pagodes où ont lieu à des dates fixes des fêtes et des cérémonies cultuelles, les bâtiments sont laissés à la disposition des autorités locales qui doivent assurer la conservation du mobilier et du matériel scolaires ainsi que la remise en état des salles de classe à la fin des cérémonies.

(*R. S. Art. 2*)

Le tableau des fêtes, visé par le mandarin de la circonscription est affiché à l'école et adressé par la voie hiérarchique au chef de la province.

Déclaration de célibat. — Si au moment de son entrée dans les cadres, un maître n'est pas marié, il doit produire, avec le dossier à fournir à la caisse locale des retraites, une déclaration de célibat ainsi conçue :

Je soussigné (nom prénoms) fils de . . . . et de . . . . né à . . . . le . . . . instituteur . . . . à . . . . déclare que je suis actuellement célibataire (ou veuf sans enfant).

Déclaration d'ouverture de cours privé. — Les maîtres de l'enseignement public qui désirent donner des leçons particulières à plusieurs élèves à la fois (**cinq au maximum**) doivent en faire la déclaration à l'Inspecteur des Ecoles de la circonscription et s'engager à ne faire aucune pression sur leurs élèves. Ils indiqueront le nombre d'heures de leçons qu'ils désirent donner par jour, le nombre d'élèves(en spécifiant s'ils appartiennent ou non à l'école publique), la rétribution demandée.

Ils ne pourront faire ces cours dans les bâtiments scolaires. Ur récépissé leur sera délivré.

Les maîtres s'exposent à des sanctions disciplinaires s'ils oublient de faire chaque année cette déclaration.

Décoration des classes. -- Malgré la défectuosité de beaucoup de locaux scolaires, les maîtres peuvent avec un peu de goût rendre leurs classes attrayantes.

Il ne peut guère être donné de conseils d'ordre général en raison de la diversité des bâtiments.

Si les locaux sont en briques. en pierres, les classes peuvent être ornées d'une frise au pochoir que les maîtres peuvent faire eux-mêmes (En France, ce sont généralement les instituteurs qui effectuent ce travail). Si le plafond est élevé, une bande blanche de 20 ou 30 centimètres est laissée au-dessus de la frise. Si au contraire le plafond est très bas, on peut corriger ce défaut en peignant sur les murs, tous les 10 centimètres une bande verticale de 10cm de large (vert, brun, rouge). Ces bandes font paraître le plafond plus élevé. Il n'y a pas lieu alors de faire une frise.

Une sellette dans un coin, ornée d'un vase de fleurs. ou d'une plante verte, achèvera de donner à la classe un air de gaité qui lui manque bien souvent.

Il n'est pas jusqu'au tableau noir qu'on ne puisse parer de quelque grâce : La date, changée chaque jour dans un encadrement fleuri, dessiné aux craies de couleur, et voilà l'aspect rébarbatif du tableau annihilé.

Dans toutes les salles, il est possible de mettre aux murs quelques gravures; il est surtout toujours possible d'avoir une classe propre avec des meubles bien en ordre.

Les cartes ne sont pas un ornement, pas plus que les maximes murales. Leur vue n'intéresse les élèves que si on les change fréquemment.

A ce sujet, il est bon de ne laisser dans la classe que la carte à l'étude, ou dont on peut avoir besoin. Quant aux maximes, toujours en quốc-ngữ dans les écoles élémentaires, les maîtres pourront en préparer une certaine quantité, et n'en mettre jamais que deux ou trois à la fois qu'ils changeront de temps en temps.

Ces maximes devront être écrites convenablement, être très lisibles, et être parfois l'occasion d'un petit commentaire.

Décorations. Voir *Récompenses*.

Degrés de l'enseignement. — Il y a trois degrés d'enseignement.

1º l'enseignement primaire (écoles élémentaires, écoles de plein exercice, écoles primaires supérieures, écoles normales).

2º l'enseignement secondaire local (collège du Protectorat)

3º l'enseignement supérieur (Université).

Il existe au Tonkin des écoles élémentaires (environ 1400) dans presque tous les cantons et parfois plusieurs par

canton; des écoles de plein exercice (78) dans les chefs
lieux de province et quelques autres centres (Certaines de
ces écoles n'ont que le titre, avec seulement deux ou 3
cours) ; des écoles primaires supérieures à Hanoi (Collège
du Protectorat, Institution des jeunes filles annamites) à
Namdinh, à Haiphong (Cours complémentaire) ; des écoles
normales d'instituteurs et d'institutrices à Hanoi.

Délégués du Résident. — Dans certaines provinces,
l'Inspecteur des Écoles est le principal délégué du Résident.
Comme tel il est autorisé à accorder, par délégation du
Résident, au personnel indigène de l'Enseignement primaire, des permissions ne pouvant excéder huit jours. Il
peut accorder aux écoles sur fonds de concours les fournitures scolaires dont elles ont besoin. Il transmet au service
de l'Enseignement au Tonkin avec son avis toutes les demandes de permission de plus de huit jours, les procès-
verbaux de prise de service, les avis d'épidémie, les pétitions pour dérogations aux horaires en vigueur, les demandes de fermeture d'école en cas de force majeure. Toute
la correspondance des maîtres à l'exception des rapports
trimestriels qui continuent à être transmis par les mandarins sera adressée à l'Inspecteur des écoles.

Celui-ci communique au chef de la province avec avis
motivé les affaires présentant quelque importance et non
prévues ci-dessus.

On peut considérer comme délégués du Résident les
administrateurs adjoints, les fonctionnaires de la garde
indigène, les mandarins (tri-phu, tri-huyên, tri-chau).

Il appartient aux maîtres de se renseigner sur le rôle de
chacun de ces fonctionnaires dans la province où ils sont
appelés à exercer.

Demande d'autorisation de dépenses. —

I. — Toutes les demandes d'autorisation de dépenses doivent être clairement motivées et faire l'objet d'une lettre spéciale.

Il est interdit de les formuler dans les rapports trimestriels.

II. Joindre à ces demandes un devis estimatif faisant ressortir les prix détaillés des objets à acquérir ou des travaux à affecluer. Consulter, avant d'établir le devis, le fournisseur ou entrepreneur auquel on a l'intention de passer la commande ou de confier le travail.

III. Pour les demandes d'acquisition de tables scolaires il faut :

1· Joindre, outre le devis estimatif, un plan schématique des classes représentées par de simples rectangles avec indication de leur longueur et de leur largeur.

2· Indiquer, sur ce plan, par des rectangles tracés à l'encre noire, le nombre, la disposition et la longueur des tables existantes, et, par des rectangles tracés à l'encre rouge, le nombre, la disposition et la longueur des tables demandées.

(Circulaire du 5 Novembre 1923).

Devis estimatif des objets à fournir à l'école de. . . . . .

(Modèle)

DÉSIGNATION DES OBJETS	PRIX CONVENU	OBSERVATIONS
15 tables en bois de lim. long 2ᵐ 50 à 9$50	142$50	
15 bancs en bois de lim. long 2ᵐ 50 à 1$20	18$00	
Total	160$50	

Arrêté le présent devis à la somme de CENT SOIXANTE PIASTRES cinquante cents.

A . . . . le . . . . . 1921.

Le fournisseur.

Demande d'emploi. — Toutes les demandes d'emploi sont adressées au chef de service soit directement, soit par l'intermédiaire du Directeur de l'Ecole fréquentée par le candidat, ou de l'Inspecteur des Ecoles de sa résidence.

Tout candidat à un emploi dans l'Enseignement public doit fournir les pièces suivantes nécessaires à la constitution de son dossier :

1· — Demande d'emploi sur papier timbré :

2· — Acte de notoriété (modèle à 3 témoins).

3· — Copie certifiée conforme de ses titres universitaires.

4· — Certificat d'aptitude physique.

5· — Certificat de moralité.

6· — Livret scolaire ou fiche scolaire.

Demandes d'avancement, — Il est absolument inutile d'adresser au Service de l'Enseignement des demandes d'avancement (stagiarisation ou titularisation). Le chef du Service de l'Enseignement ne perd pas de vue les intérêts légitimes du personnel et le dossier de chacun des maîtres lui fournit des éléments d'appréciation suffisants pour arrêter ses propositions.

C. 420 — du 27-2-23.
D. E. P.

Demandes de permission. — En raison du nombre élevé de jours de congé et de vacances dont bénéficie le personnel enseignant, il ne sera accordé de permissions qu'à titre tout à fait exceptionnel. A moins de circonstances graves et urgentes les demandes doivent être formulées assez à l'avance pour permettre à l'autorité administrative de les examiner et de lui donner le temps matériel de répondre. — Il est inadmissible, par exemple, que des demandes de permission pour mariage soient adressées à la Direction de l'Enseignement au dernier moment par la voie télégraphique.

D'autre part, les directeurs d'école pourraient passer en dehors de leur résidence les congés réguliers accordés au personnel sans être astreints à en demander l'autorisation, à charge par eux cependant, de rendre compte à l'Inspecteur de la circonscription de la façon dont la garde de l'école sera assurée sous leur responsabilité.

Circ. N· 120 c.

Toute demande de permission doit être appuyée d'une pièce justificative régulière (certificat de maladie), ou contenir l'engagement de fournir cette pièce à l'expiration de la permission (certificat de mariage, de décès, etc).

Il est accordé 3 jours pour le mariage du demandeur, et, pour le décès d'un membre de la famille, de 2 à 4 jours suivant le degré de parenté. Les délais de route ne sont pas compris; pour permettre à l'administration de les calculer l'intéressé devra indiquer très clairement dans sa demande l'endroit où il doit se rendre.

Le Résident chef de province (ou l'Inspecteur des Écoles par délégation) peut accorder jusqu'à 8 jours, délais de route compris. Au-dessus de cette durée, le Chef de Service de l'Enseignement statue lui-même.

Les maîtres doivent attendre la réponse avant de quitter leur poste. Une fois en possession de leur titre de permission, ils informent le Résident, par l'intermédiaire de l'Inspecteur des Écoles, de la date de leur départ. Au retour ils font viser leur titre de permission par leur Directeur. ou par le ly-truong, le tri-huyên etc et l'envoie à l'Inspecteur des Écoles comme justification de leur retour.

Tout agent rentrant après l'expiration de sa permission perd sa solde pendant la durée de son absence illégale, sans préjudice d'autres sanctions, si son retard est causé par une circonstance de force majeure (maladie. accident) il le fait constater officiellement, et sollicite une prolongation de sa permission.

Circ. N° 698c du 7 avril 1925

Demande d'inscription au Certificat d'études primaires (modèle) (timbre à 0$ 12).

Je soussigné (nom et prénoms) né à (village, canton, huyèn, province), le (jour, mois, année). fils de (nom et profession du père), provenant de l'école (école publique ou privée, lieu) demeurant à (domicile des parents), demande à Monsieur le Chef du Service de l'Enseignement au Tonkin de bien vouloir me faire inscrire sur la liste des candidats à l'examen du Certificat d'études primaires qui aura lieu le. . . . . 192 à. . , . . .

Ci-joint un bulletin de naissance (ou certificat de notoriété).

A le. 192
(Signature du candidat)

Demande d'inscription au C. E. E.

(Voir Certificat d'études élémentaires)

Demandes de déplacement. — A moins de circonstances tout à fait exceptionnelles, aucune demande de déplacement ou même de permutation ne sera prise en considération au cours de l'année scolaire, ces demandes doivent être formulées dans la 1ère quinzaine de juin.

C. 420c D. E. P. du 27 février 1923. Art. V.

Ces demandes comme toutes les autres doivent passer par la voie hiérarchique.

Dans le cas de permutations, la demande, signée des deux intéressés devra comporter l'avis des Inspecteurs des Ecoles intéressés (ou des Résidents)

Demandes de fournitures classiques. — Des fournitures classiques sont envoyées périodiquement aux Directeurs
des Ecoles subventionnées à raison de trois fois par année
scolaire. Il est inutile, d'adresser des demandes de fournitures supplémentaires, demandes auxquelles il ne sera
donner aucune suite.

Quant aux Directeurs des Ecoles dont le mobilier et le
matériel scolaires sont à la charge des populations, ils doivent adresser leurs demandes de fournitures au chef de
province (1) Les fiches jointes aux paquets de fournitures et indiquant les quantités à recevoir, sont envoyées
à titre de renseignement pour permettre de vérifier le
contenu des colis. Il est inutile de retourner ces fiches à
la Direction. Il suffit d'accuser réception des fournitures
au prochain rapport (Partie réservée au matériel).

d'après C. 420 c D. E. P. Art. III

Toutes ces fournitures sont transmises par l'intermédiaire du Résident ou de l'Inspecteur des Ecoles, ainsi que
les divers imprimés (papier à lettres. enveloppes, etc).

Les fournitures sont données en tenant compte des divers
besoins. les maîtres n'ont donc pas à formuler de nouvelles demandes auxquelles il ne pourrait être donné suite.

Demande de mobilier et de matériel. — A la fin de
l'année scolaire, les directeurs d'écoles peuvent adresser
les demandes de mobilier et de matériel pour la rentrée.

Pour le mobilier ils enverront le plan coté de la classe,
avec indication *en noir*, du mobilier existant *en rouge* du
mobilier demandé: Ils joindront à leur demande le procès
verbal de condamnation ou de perte, s'il s'agit de mobilier
à remplacer.

____

(1) Ou à l'Inspecteur des Ecoles de la circonscription

Pour le matériel, ils joindront utilement un extrait de l'inventaire indiquant les quantités de matériel semblable à celui qui est demandé.

(Voir pour le *mobilier* et le *matériel* à ces deux mots et aux articles *tableau*, *bureau*, *table*, etc).

Demande de notification. — Au moment de leur admission dans l'enseignement, les instituteurs et les instituteurs auxiliaires doivent adresser au chef de leur province d'origine par la voie hiérarchique, une demande de notification de leur emploi dans leur village pour avoir droit à l'exemption des corvées et à la carte d'identité spéciale instituée par l'ordonnance royale du 31 Octobre 1919 (article 5).

Les demandes de cette nature doivent être accompagnées d'une copie conforme légalisée de l'arrêté portant leur nomination comme instituteur.

Dentelle. — L'enseignement de la dentelle peut être utilement donné dans les écoles de filles. mais ne doit passer qu'après les leçons de couture proprement dite. Il faut réagir contre la tendance qu'ont les fillettes indigènes de faire des broderies ou des dentelles en laissant leurs vêtements en loques.

Départ (Correspondance au). — La correspondance au départ doit être transcrite sommairement sur un registre établi conformément au modèle ci-après. Elle doit porter la date d'envoi et un numéro d'ordre.

Dans la correspondance officielle, on doit mentionner le N° et la date d'envoi de la lettre à laquelle on répond.

Registre de correspondance au départ

N° D'OR-DRE	DATE D'ENVOI	DESTINATAIRE	SOMMAIRE DE LA LETTRE

Déplacement (Frais de). — Les maîtres qui se déplacent à la suite d'un ordre de service ont droit au remboursement de leurs frais de voyage s'ils n'ont pas reçu de réquisition de transport avec leur feuille de route.

Ils devront toujours réclamer une réquisition de transport s'il existe un service de transports en commun sur tout ou partie de leur parcours. Ils s'exposeraient autrement à rencontrer de sérieuses difficultés pour être remboursés.

Dans le cas de force majeure, ils devront réclamer à la gare s'ils voyagent par chemin de fer, par exemple, un reçu de la somme versée pour le prix du billet. Ils joindront ce reçu à leur réclamation.

Si le maître voyage par ses propres moyens, il devra pour préparer l'état de débours qu'il doit envoyer en double à la Résidence, se renseigner sur les tarifs de transport dans la province traversée.

Il peut utiliser, suivant les régions, le pousse-pousse, le cheval, le palanquin, etc. Il peut utiliser pour le transport de ses bagages, en cas de déplacement définitif, cheval, sampan, charrette à bras, etc. Pour un déplacement provisoire, il peut n'avoir droit qu'à un coolie de pousse si la distance est courte. Le personnel indigène n'a pas droit au transport des bagages pour un déplacement provisoire de de 3 ou 4 jours dans le delta.. La circulaire N· 136 P de la R. S. indique que pour les étapes inférieures à 15km, il ne peut être pris qu'un coolie par pousse, sauf si les routes sont très mauvaises.

Voir État de débours

Dépendances.—Les dépendances sont des constructions plus ou moins voisines de l'école affectées à la cuisine, au logement du coolie ou servant de cabinets d'aisances. Les dépendances doivent être placées de telle sorte que leur voisinage ne puisse en aucune façon gêner les classes

Les cabinets d'aisances notamment paraissent devoir être au moins à 10m, du côté opposé au vent dominant. Les feuillées doivent être plus éloignées encore.

Dessin (maîtres de). — Seuls les candidats diplômés de l'enseignement normal du dessin pourront être nommés maîtres pour l'enseignement spécial du dessin dans les écoles primaires de plein exercice.

Dessin. (Enseignement du). — Dans l'enseignement du dessin à l'école primaire les maîtres doivent s'efforcer de développer le goût des élèves. Ils donneront en même temps à cet enseignement un but utilitaire et rechercheront des applications immédiates. C'est ainsi qu'ils exerceront les élèves à imiter la nature, ou à styliser leurs modèles dans le but d'en faire des dessins de broderies, de dentelles, d'incrustations, de laquage, etc. Dans le dessin linéaire, ils passeront aussi rapidement que possible au croquis coté.

Détériorations. — Si des détériorations sont commises dans l'école, notamment lors des cérémonies religieuses (quand l'école est installée dans un bâtiment cultuel), les directeurs d'école intéressés doivent en informer l'Inspecteur des écoles en indiquant avec précision les dégâts commis et les circonstances qui les ont occasionnés.

L'Inspecteur des Ecoles, après enquête, pourra proposer au Chef de la province, le remplacement ou la réparation du matériel, aux frais des auteurs du dégât.

Devis (*Voir demande d'autorisation de dépense.*)

Devoirs écrits. — Les devoirs écrits, à l'exception des rédactions, sont corrigés en classe au tableau noir, en même temps que se fait l'examen des cahiers. La correction est collective, chaque élève rectifiant son propre travail ou celui de l'un de ses camarades. Le maître dirige les corrections, les contrôle ensuite, annote les devoirs, et inscrit enfin les notes chiffrées sur un registre spécial.

R. S. Article 22.

Devoirs généraux des maîtres. — Le maître doit prêcher d'exemple, s'acquitter exactement de sa tâche quotidienne et améliorer sans cesse son enseignement.

Il s'efforcera d'obtenir la collaboration confiante et effective des familles dans l'œuvre éducatrice de l'école.

Il gagnera leur estime et leur sympathie par son dévouement à ses fonctions, la dignité de sa vie privée, la correction de sa tenue et de ses manières.

Il s'abstiendra de fréquenter les mauvaises sociétés, les lieux mal famés, les maisons de jeu.

Il évitera également de se mêler aux luttes et aux rivalités locales.

Il fera preuve en toutes circonstances de déférence envers les autorités.

La correspondance administrative devra être transmise par la voie hiérarchique.

R. S. Art. 28

Les maîtres du delta envoyés dans la haute région devront avoir l'énergie nécessaire pour réagir contre le découragement, éviter de se laisser entraîner au jeu, refuser de trouver une consolation dans l'opium. Ils devront au contraire s'efforcer de se rendre utiles à tous, et de faire leur métier avec plus de conscience. Le travail est le meilleur remède contre le découragement, l'ennui, la nostalgie.

Dimensions des salles de classe. — Dans le delta, où la population est très dense, il semble que la surface à donner aux salles de classe ne doit pas être inférieure à 18 mètres carrés (6^m de large sur 8^m de long), ce qui permet de recevoir de 50 à 60 élèves.

Une économie sur la dimension des salles, économie assez réduite d'ailleurs, se traduisant par une augmentation des charges de la population ou du Protectorat.

Si l'on fait par exemple un bâtiment à cinq classes avec des salles de 4.50×7 (35 à 40 élèves), on ne pourra recevoir que 200 élèves au lieu de 300, ou bien on paiera chaque année la solde de 5 maîtres alors qu'il aurait été possible de n'en payer que trois. En admettant des maîtres au dernier échelon du cadre des instituteurs auxiliaires, c'est une dépense annuelle inutile de 612$.

Dimension (Timbre de). — Les pièces officielles doivent être timbrées à 0,12 à 0,24 ou à 0,36, ou être écrites sur du papier timbré.

Pour une surface de papier de 4^{dm}2375 (17^{cm}1 2 sur 25^{cm}) il faut un timbre de 0$12, et par suite.

    pour le format 17 1 2x25 double,   0$21

    et pour le format 21x30 double.   0$36

Sont exemptés du droit de timbre notamment :

1°. — Toutes demandes de secours et pièces jointes

2°. — Tous actes pour la caisse des Retraites

3°. — Les factures administratives inférieures à cinq piastres

1°. — Les Certificats de bonnes vie et mœurs et les pièces d'identité devant être produits à l'appui d'une demande d'emploi.

5° — Toute pièce produite par un agent administratif à l'effet d'obtenir le remboursement de dépenses ou d'avances.

Mention sera faite sur les pièces de l'usage qui doit en être fait,

Diplômes. — Les Diplômes de *certificats d'études élémentaires* sont enregistrés par les Inspecteurs des Ecoles des circonscriptions et délivrés par les Chefs de province et les Résidents-Maires. Les diplômes de *certificats d'études primaires*, revêtus de la photographie du candidat, sont enregistrés par le Chef du service local de l'Enseignement et délivrés par le Résident Supérieur.

Le *Diplôme d'Etudes primaires* supérieures est enregistré à la Direction de l'Instruction publique et délivré par le Gouverneur Général.

Le *Brevet élémentaire* et le *Brevet d'enseignement primaire supérieur* sont délivrés par le Vice Recteur de l'Académie de Paris.

Directeurs des Ecoles. — Les Directeurs français des écoles de plein exercice du Tonkin sont en fait les chefs techniques d'une circonscription scolaire déterminée. Ils ont en cette qualité un contrôle à exercer, des avis à donner, des affaires à instruire, des décisions à prendre.

En dehors de l'inspection même des établissements primaires publics ou privés, ces fonctionnaires peuvent donner utilement leur avis sur la nomination et l'avancement des maîtres, les récompenses à accorder et les peines disciplinaires à infliger les demandes de permission et de déplacement, l'attribution des bourses familiales aux élèves les plus méritants, etc. . . Ils devraient être aussi chargés d'instruire toutes les affaires relatives à la création et au transfert des écoles publiques, à l'ouverture de nouvelles classes et des cours d'adultes, aux besoins des écoles en personnel, en mobilier scolaire et en matériel d'enseignement.

Leur approbation pourrait être nécessaire et suffisante pour ce qui concerne l'organisation pédagogique des écoles conformément aux réglements et instructions en vigueur, en particulier pour l'admission des élèves, leur répartition dans les différentes classes, leur exclusion à titre temporaire, l'emploi du temps. Ils pourraient enfin être appelés à statuer sur certaines questions telles que l'exclusion définitive des élèves et les demandes de permission de courte durée (moins de 8 jours) sous réserve d'en rendre compte immédiatement à l'autorité supérieure.

d'après Circulaire N° 510c du 10 octobre 1920
D. E. P.

Un arrêté du G. G. de Septembre 1925 modifie le titre donné au Directeur des Ecoles.

Désormais, ce fonctionnaire prend le titre d'Inspecteur

primaire et peut être chargé, cumulativement avec ses fonctions, de la direction des Écoles du Chef lieu.

Directeur d'école. — Le Directeur est responsable de la bonne tenue des locaux et de leurs abords immédiats, de la conservation et de l'entretien du mobilier scolaire et du matériel d'enseignement, de la bonne organisation pédagogique de l'école, ainsi que du maintien de la discipline et du bon esprit des élèves.

Il coordonne les efforts des maîtres placés sous ses ordres, dirige leur travail et parachève leur préparation professionnelle. Dans cette tâche délicate, il fait preuve de tact et de bienveillance afin de ménager les susceptibilités légitimes de ses collaborateurs et ne point décourager leurs initiatives.

Il assure les rapports avec les familles et avec les autorités administratives et techniques.

Il tient régulièrement tous les registres et fournit en temps opportun les renseignements qui lui sont demandés, notamment les rapports trimestriels.

R. S. Art. 35

Dispense d'âge au C. E. P. — Des dispenses d'âge d'un an peuvent être accordées aux candidats au Certificat d'Études primaires franco-indigènes par le Directeur de l'Instruction publique. Ces demandes présentées un mois au moins à l'avance, et écrites par le candidat lui-même sur papier timbré, seront transmises par la voie hiérarchique.

Distinctions honorifiques. — Des distinctions honorifiques peuvent être accordées aux instituteurs et institutrices. aux instituteurs et institutrices auxiliaires ce sont :

	1° La médaille d'Honneur.
Décorations françaises	2° La médaille de l'Instruction publique en bronze
	3° La médaille de l'Instruction publique en argent
	4° Les palmes académiques.
Distinctions indigènes	5° Le Ngàn-Tiên
	6° Le Kim-Tiên
	7° Le Kim-Khanh.
	8° Le Dragon d'Annam.
	9° Les grades de mandarinat.

Dans l'établissement des propositions pour les distinctions honorifiques, on doit se conformer aux instructions suivantes de M, le Gouverneur Général.

1° Une 1ère distinction ne peut être accordée qu'aux fonctionnaires comptant au moins 10 ans de service :

2° Les nominations ou promotions dans les ordres coloniaux et locaux doivent être séparées par une période de 3 ans au moins.

Distribution des prix. — Dans chaque école subventionnée une distribution des prix, organisée avec plus ou moins d'apparat, sert de sanction au travail et à la conduite. Elle a lieu à la fin de l'année scolaire. C'est la fête des élèves, des maîtres, des familles à laquelle sont invitées toutes les personnes qui s'intéressent à l'enseignement.

Les prix sont fournis par l'Administration qui envoie des ouvrages dont la valeur totale est calculée sur le nombre d'élèves (à raison de 0$20 environ par élève). Dans quelques écoles importantes le Directeur européen reçoit les crédits et achète lui-même les récompenses destinées aux écoliers.

Quelques personnes ou groupements offrent également des prix, et s'il est recommandé aux Directeurs de ne pas solliciter des dons, il est de leur devoir de ne pas refuser ce qui est gracieusement offert à l'école.

Les écoles non subventionnées ne reçoivent rien de l'Administration, mais l'usage se répand de plus en plus d'organiser des distributions de prix dans ces établissements. Les villages inscrivent de petits crédits à leur budget et les notables offrent quelques livres.

La question de la présidence de ces cérémonies commence donc à se poser. Bien que non encore résolue, il semble, à l'image de ce qui se passe en France, que la désignation du président appartient au Résident sur proposition de l'Inspecteur des Écoles :

Le Résident préside généralement lui-même la cérémonie du Chef-lieu.

Dans quelques écoles, les prix sont délivrés sans cérémonie à l'issue de la dernière classe de l'année scolaire.

Discipline. — Une classe disciplinée est celle où les élèves sont dociles, ordonnés et silencieux. Une bonne discipline est indispensable aux progrès des élèves.

La discipline dépend en partie de l'installation matérielle de l'école.

En ce qui concerne le maître, elle dépend de l'affection qu'il sait inspirer à ses élèves, de son esprit de justice, de son humeur. Elle dépend aussi de son autorité morale laquelle repose sur la dignité de sa tenue et la considération, le respect qu'on a pour lui.

Établie par les moyens qui précèdent, la discipline a besoin d'être maintenue en cas de manquement de certains élèves.

Le maître doit se montrer toujours vigilant et réprimer les fautes contre la discipline d'abord par des reproches affectueux puis par les punitions portées au règlement.

Le maître qui, grâce à ces moyens. aura su établir et maintenir une bonne discipline aura placé ses élèves dans les meilleures conditions possibles pour leurs progrès.

Les maîtres ne confondront pas cependant la discipline avec l'inertie, comme c'est malheureusement trop fréquent.

Dans certaines classes, le silence des élèves est absolu en la présence du maître, quelques écoliers en arrivent même à s'endormir. Mais à la sortie ces mêmes élèves sortent à la débandade, crient, se bousculent, et oublient de saluer leur maître. On ne peut pas dire que ces classes sont disciplinées.

Dons. — Les maîtres peuvent accepter les dons faits à l'école ou à leurs élèves. Les objets offerts à l'école doivent être inscrits à l'inventaire, et indiquer le nom du donateur dans la colonne "observations" L'Inspecteur des écoles devra être avisé immédiatement.

En l'absence d'une réglementation spéciale, on peut considérer comme dons les objets payés par les villages sur leur budget.

Dossiers scolaires individuels. — A partir du Cours Moyen, il sera remis gratuitement à chaque élève un livret scolaire conforme au modèle officiel et à la première page duquel devra figurer la photographie de l'élève revêtue du cachet de l'école. Les notes obtenues aux compositions trimestrielles seront consignées sur ce livret par le Directeur et, en fin d'année une courte mais précise appréciation sera donnée sur la conduite, le travail et les progrès de l'élève.

Le livret suit l'élève pendant la durée de ses études et est présenté obligatoirement aux examens et concours.

Si l'enfant change d'école, les motifs du changement y seront mentionnés.

Le Directeur de l'École a la garde des livrets qui ne deviennent la propriété des élèves qu'à la fin de leurs études.

R. S. Art 23.

Certains élèves perdent volontiers leur livret, si ce dernier porte de mauvaises notes ; il serait utile de posséder en outre dans l'école une fiche individuelle au nom de chaque élève, donnant tous renseignements utiles, et indiquant notamment les mutations, et la valeur de l'écolier.

Il y a lieu également de rappeler aux élèves l'interdiction de gratter ou surcharger les mentions contenues dans ce livret. Le cas est très fréquent, et les maîtres eux-mêmes perdent de vue cette interdiction. Si un maître doit modifier une appréciation donnée par erreur il tirera un trait sur la mention erronée, et approuvera au dessous la nature. Il portera une nouvelle mention, et approuvera également ce renvoi. Il ne devra *jamais* y avoir trace de grattage ou de surcharge.

Les directeurs d'école devront se montrer extrêmement sévères dans la répression de ces fraudes.

Dispenses d'âge. -- Des dispenses d'âge (un an au plus) peuvent être accordées aux candidats au Certificat d'Etudes primaires.

Les demandes sur papier timbré sont adressées par l'intermédiaire du Directeur de l'Etablissement au Directeur de l'Instruction publique sous le couvert du Chef de Service de l'Enseignement au Tonkin.

Droits d'examen. -- Des droits d'examen sont perçus pour les examens primaires suivants :

Examens français
- Brevet élémentaire.
- Brevet d'enseignement primaire supérieur.

Examen indigène : Diplôme d'études primaires supérieures.

Durée des exercices. -- Les divers exercices de la classe doivent se succéder plus ou moins rapidement, suivant l'âge des élèves, afin de ne pas fatiguer leur attention.

Dans les premiers cours, des exercices de 15 à 30 minutes sont suffisants. Dans les cours moyens et supérieurs, il paraît rarement nécessaire de dépasser 45 minutes pour une même leçon. Les emplois du temps doivent être établis en tenant compte de ces indications.

Eau nécessaire aux ablutions. -- Les écoles de plein exercice et les écoles élémentaires subventionnées sont pourvues d'eau nécessaire aux ablutions des élèves. Elles sont dotées d'une jarre en terre cuite, d'une **cuvette** émaillée et d'une épuisette.

Il appartient aux maîtres de veiller à ce que la provision d'eau soit renouvelée chaque matin et que le service soit assuré convenablement par le coolie de l'école ou par les plus grands élèves.

Pareille mesure pourrait être envisagée dans les autres écoles à la charge des villages.

Eau potab'e. — Il est difficile de procurer de l'eau potable aux élèves. A défaut il pourrait leur être fourni, à leurs frais ou aux frais de l'école, une infusion de thé très légère. Les maîtres devront veiller spécialement sur la préparation de ce thé : récipients propres, interdiction d'allonger le thé avec de l'eau froide, obligation de faire bouillir l'eau pour préparer l'infusion. Il serait utile d'inviter les élèves à avoir chacun leur récipient pour boire l'infusion.

Il est inadmissible que des maîtres instruits persistent à boire leur thé dans des tasses qui ne sont jamais lavées, que le coolie chargé de la préparation n'essuie que rarement avec une loque sale.

Tant que les maîtres perdront de vue, en ce qui les concerne, les règles de l'hygiène, il est bien difficile de les voir obtenir des résultats chez leurs élèves.

Eclairage. En principe, les écoles ne fonctionnant que le jour, il n'y a pas lieu de se préoccuper de l'éclairage artificiel des classes.

Pour les cours d'adultes, il est à la charge des élèves.

Ecoles de ¹/₂ temps. — On appelle écoles de ¹/₂ temps les écoles donnant le matin de 7ʰ à midi un enseignement général, et le soir de 2ʰ à 6ʰ un enseignement professionnel.

Ces écoles n'existent pas encore au Tonkin. Il semble qu'elles pourraient rendre des services notamment pour la diffusion des petites industries familiales.

Ecoles cantonales et intercantonales. — Ces écoles créées pour un ou plusieurs cantons ne répondent à aucun but réel. Elles étaient souvent considérées comme des écoles ambulantes afin de se mettre à la disposition des populations de tous les points de la circonscription à tour de rôle. On tend à les remplacer par des écoles communales et intercommunales.

Ecoles communales. — Il y aura, en principe, au moins une maison d'école pour l'enseignement primaire officiel dans chaque commune.

Toutefois, les communes comptant moins de 500 contribuables pourront se grouper pour entretenir une seule école à frais commune.

R. G. de l'I. P. Art. 69

Les locaux offerts par les communes ou édifiés par elles pour servir d'écoles devront répondre aux conditions d'installation, de salubrité et d'hygiène spécifiées par un règlement spécial qui sera élaboré par le Directeur de l'Enseignement primaire.

Pendant la classe, les élèves doivent être assis sur des bancs et avoir devant eux des tables à bonne portée pour leur permettre de lire et écrire dans les conditions d'hygiène les plus favorables. Il est formellement interdit de faire la classe devant des enfants accroupis sur le sol ou sur des nattes.

R. G. de l'I. P. Art. 73.

Au Tonkin, la plupart des écoles de l'intérieur entretenues sur les fonds de concours sont dites « Ecoles cantonales ». Les écoles communales qui commencent à se créer sont installées dans des bâtiments spéciaux construits par les villages sur le plan type établi par les Services de l'Enseignement et des Travaux Publics. Les villages paient en outre le mobilier et le matériel et inscrivent chaque année à leur budget une contribution minimum de 200$ (180$ pour la solde d'un maître, 20$ pour fournitures).

Le budget local prend à sa charge le complément de solde du maître. Le village qui crée une école communale se trouve exonéré généralement du paiement de la part des fonds de concours servant à l'entretien de l'Ecole cantonale; le montant global des fonds dus par le canton se trouve réparti entre les autres villages. L'école cantonale dans ce cas devient une école intercommunale.

Il n'existe encore pas de règles précises permettant d'uniformiser pour tout le Tonkin l'organisation des écoles.

Ecoles élémentaires. -- On appelle écoles élémentaires les écoles qui ne comprennent pas les cinq cours de l'enseignement primaire.

Exceptionnellement, certaines écoles de chefs lieux de province prennent le titre d'Ecoles de plein exercice sans posséder les cinq cours (notamment dans la haute région, pour les écoles de garçons, et dans la plupart des provinces pour les écoles de filles).

Ecoles normales. -- Il sera procédé à la création dans chaque pays de l'union de deux écoles normales ayant pour but de former les instituteurs et institutrices indigènes.

Le régime des écoles normales est l'internat gratuit. Leur

recrutement se fait au concours. L'admission des élèves est prononcée par le Chef de l'administration locale.

Le concours d'admission est ouvert aux candidats pourvus du certificat d'études primaires et âgés de 18 ans au plus au 31 Décembre de l'année où ils se présentent.

Les demandes d'inscription au concours doivent être écrites sur papier timbré et signées par les candidats. Elles sont adressées au Service de l'Enseignement ou à la Direction de l'Ecole Normale 15 jours au moins avant la date fixée pour le concours.

Elles doivent être accompagnées des pièces suivantes :

1° — Une expédition de l'acte de naissance du candidat ou un acte de notoriété en tenant lieu ;

2° — Une attestation administrative du candidat certifiant qu'il appartient à une famille honorable.

3° — Le certificat d'études du candidat ou, si ce diplôme ne lui a pas encore été remis, une attestation du Chef de Service de l'Enseignement certifiant qu'il a été admis à l'examen.

4° — Un engagement écrit et signé par l'intéressé de servir dans l'Enseignement public pendant 10 ans à partir de sa nomination comme instituteur ou institutrice, à peine ; 1° — De rembourser à l'administration le montant de la pension dont il aura bénéficié à l'Ecole Normale ; 2° De remplir les fonctions militaires dont l'engagement peut l'avoir dispensé. Cette pièce est accompagnée d'une réclamation par laquelle le père ou le tuteur du candidat l'autorise à contracter cet engagement et s'engage à rembourser lui-même les frais d'études de son fils du pupille, dans le cas où celui-ci quitterait volontairement l'école ou en serait exclu, comme dans le cas où il renoncerait aux fonctions d'enseignement avant la réalisation de son engagement décennal.

Code de l'I. P. Art. 186-187-188-189.

Il existe au Tonkin, à Hanoi, deux écoles Normales préparant des instituteurs et des institutrices.

Modèle d'Engagement.

Je soussigné (Nom et prénom) né le (jour, mois, année) à (lieu de naissance) fils de M. (nom et profession du père) demeurant à (demeure des parents) m'engage à servir dans l'enseignement pendant 10 ans au moins à partir de ma nomination comme instituteur ou institutrice de 8e classe, à peine de rembourser à l'administration le montant des allocations que j'aurais reçues tant comme boursier que comme maître dans les conditions prévues aux articles 188 et 194.

A . . . . . , le 192

Le candidat

Approuvé l'engagement ci-dessus :

Le père du candidat.

Vu : pour légalisation des signatures ci-dessus :

L'administrateur Résident.

Ecoles privées. — *Arrêté du 2 Mai 1925.*

LE RESIDENT SUPERIEUR P. I. AU TONKIN

Vu. . . . .

ARRETE :

ART. 1er. — Les conditions requises du personnel indigène et des locaux scolaires pour l'ouverture des établissements d'enseignement privé du Tonkin, les conditions d'exercice et le mode de contrôle de ces établissements sont fixées conformément aux dispositions ci-après :

Est considéré comme établissement d'Enseignement privé tout établissement où plus de cinq enfants de différentes familles sont réunis habituellement pour y recevoir l'enseignement même partiel des matières comprises dans les programmes de l'enseignement général ou de l'enseignement professionnel, notamment de la langue indigène, de la langue française ou des caractères chinois.

Ne sont pas considérées comme établissements privés les écoles domestiques où le père de famille assure lui-même ou fait assurer par un précepteur l'instruction et l'éducation de ses propres enfants ou petits enfants, ou d'enfants qui sont, à titre de collatéraux, orphelins ou abandonnés, recueillis par lui et élevés sous sa garde.

CHAPITRE PREMIER

CONDITIONS D'OUVERTURE DES ÉTABLISSEMENTS PRIVES

Section I. — Conditions requises du personnel.
Capacité juridique, interdictions, incompatabilités.

Art. 2. — Sont incapables de tenir une école privée ou d'y être employés : ceux qui ont subi une condamnation judiciaire pour crime ou pour délit contraire à la probité ou aux mœurs ; ceux qui ont été privés par jugement de tout ou partie des droits civils mentionnés en l'art. 42 du Code pénal ; ceux qui ont été frappés d'interdiction en vertu de l'art. 8 du décret du 14 Mai 1924 ou de tout autre texte local ou métropolitain ; les fonctionnaires ou agents révoqués ou licenciés par mesure disciplinaire de l'une des administrations indochinoises.

Nul ne peut diriger soit par lui-même, soit par personne interposée, un établissement d'enseignement privé, s'il occupe un emploi dans l'administration.

Il y a incompatabilité entre la situation de professeur ou d'instituteur public et celle de directeur d'école privée.

Nul ne peut diriger en même temps plusieurs écoles privées.

AGE ET TITRES DE CAPACITÉ

A. — Enseignement français

Enseignement primaire supérieur français

ART. 3. — Les directeurs sujets ou protégés français des établissements privés distribuant un enseignement correspondant à l'enseignement primaire supérieur français devront avoir atteint l'âge de vingt-cinq ans et être pourvus au moins du Brevet supérieur de l'enseignement français.

Les professeurs sujets ou protégés français des mêmes établissements devront avoir atteint l'âge de vingt et un ans et d'être pourvus au moins du Brevet supérieur de l'enseignement français.

Enseignement primaire français.

ART. 4 — Les Directeurs et professeurs sujets ou protégés français des établissements privés distribuant un enseignement correspondant à l'enseignement primaire français devront avoir respectivement atteint l'âge de vingt et un ans ou dix huit ans et être pourvus au moins du Brevet élémentaire de l'enseignement français.

B. — Enseignement franco-indigène
et enseignement indigène

Enseignement primaire supérieur franco-indigène.

ART. 5 — Les Directeurs et professeurs sujets ou protégés français des établissements privés distribuant un enseignement correspondant à l'enseignement primaire supérieur franco-indigène devront avoir respectivement atteint l'âge de vingt-cinq ans ou vingt et un ans et être pourvus au moins du Diplôme d'études primaires supérieures franco-indigènes.

Enseignement primaire franco-indigène.

Art. 6 — Les Directeurs et professeurs sujets ou protégés français des établissements privés distribuant un enseignement correspondant à l'enseignement primaire franco-indigène devront avoir respectivement atteint l'âge de vingt et un ou dix huit ans et être pourvus du Certificat d'études primaires franco-indigènes.

Enseignement Elémentaire Indigène.

Art. 7 — Les Directeurs et professeurs sujets ou protégés français des établissements privés distribuant un enseignement correspondant à l'enseignement élémentaire indigène devront avoir respectivement atteint l'âge de vingt et un ou dix-huit ans et être pourvus du Certificat d'études élémentaires indigènes.

C. — Enseignement des Caractères Chinois.

Art. 8 — Les professeurs sujets ou protégés français enseignant exclusivement les caractères chinois devront avoir atteint l'âge de vingt et un ans et être en mesure de justifier de leur connaissance des caractères chinois devant une commission nommée par le Chef d'Administration locale sur la proposition du Chef local du Service de l'Enseignement.

D. — Enseignement professionnel.

Art. 9 — Les Directeurs et professeurs sujets ou protégés français des écoles privées d'enseignement professionnel devront avoir respectivement atteint l'âge de vingt-cinq ou vingt et un ans et posséder les garanties de capacité exigées du personnel des écoles professionnelles publiques.

Toutefois, le Résident Supérieur pourra exceptionnellement, après avis du Conseil local de l'enseignement, agréer sans condition les Directeurs et professeurs qui lui paraitraient qualifiés pour donner cet enseignement.

E. — Etablissements comportant plusieurs ordres ou degrés d'Enseignement.

Art, 10 — Dans les établissements comportant plusieurs ordres ou degrés d'enseignement, les professeurs devront remplir les conditions d'âge et de titres requises par les articles 3 à 9 pour l'ordre et le degré d'enseignement correspondant aux classes dont ils seront respectivement chargés.

F. — Internats et surveillance.

Art. 11 — Nul ne peut diriger un établissement d'enseignement privé recevant des internes avant l'âge de vingt-cinq ans révolus.

Nul ne peut occuper un emploi de surveillant dans un établissement d'enseignement privé avant l'âge de dix-huit ans révolus.

Section II. — Conditions requises des locaux,

Art. 12 — Les locaux affectés à un établissement d'enseignement privé doivent être convenables et ne présenter aucun danger soit par eux-mêmes, soit par leur voisinage, en ce qui concerne la sécurité, la santé et la moralité des élèves.

Les salles de classe et, éventuellement, les dortoirs, doivent être suffisamment aérés et éclairés et avoir des dimensions en rapport avec le nombre des élèves ou des pensionnaires.

L'établissement doit être muni de cabinets d'aisances.

Section III. — Formalités exigées.

Art. 13 — Toute demande d'autorisation d'ouverture d'un établissement d'enseignement privé doit contenir, outre les indications et justifications exigées par l'article 2 du décret du 14 Mai 1924 :

1· — L'indication des professions exercées pendant les cinq dernières années par le directeur ainsi que celle des lieux où il a résidé pendant le même temps ;

2· — Le plan du local certifié conforme par l'autorité administrative et indiquant avec précision la destination et les dimensions intérieures (longueur, largeur, hauteur) des pièces affectées aux classes et, éventuellement, au pensionnat.

Art. 14 — La demande d'autorisation accompagnée des pièces règlementaires est adressée dans tous les cas, sous pli recommandé, au Maire de la ville ou au Chef de la province sur le territoire de laquelle est ou sera situé l'établissement.

L'avis de la commission sanitaire compétente est joint au dossier, qui est transmis au Résident Supérieur.

Art. 15 — Tout particulier autorisé à ouvrir une école privée est tenu d'en assurer lui-même, sur place et au jour le jour, la direction effective.

Toute désignation d'un nouveau directeur, tout changement du local de l'école, toute ouverture de nouvelles classes ou d'un internat annexé à l'établissément, toute modification dans l'ordre ou le degré de l'enseignement donné, doivent faire l'objet d'une nouvelle demande d'autorisation dans le délai d'un mois par le représentant légal de l'établissement.

Lorsqu'un directeur d'école nomme un professeur ou un

surveillant, il doit en aviser par lettre recommandée le Résident Supérieur en indiquant le nom, prénoms, nationalité, date et lieu de naissance de l'intéressé, ainsi que les diplômes dont il est pourvu.

CHAPITRE II

CONDITIONS D'EXERCICE ET DE CONTROLE
DE L'ENSEIGNEMENT PRIVE

Section I. — HYGIENE.

Art. 16. — Les directeurs des établissements d'enseignement privé sont tenus de se conformer aux prescriptions des articles 119 à 123 de l'arrêté du 6 juillet 1924 règlementant la protection de la santé publique au Tonkin.

Il est rappelé notamment que les écoles doivent être pourvues d'eau pure (eau de source, eau filtrée ou bouillie) ou de thé léger, qui seront mis à la disposition des élèves.

Les cabinets d'aisances seront tenus dans le plus grand état de propreté et lavés une fois par jour avec des liquides antiseptiques.

Pendant la durée des récréations, et le soir après le départ des élèves, les classes doivent être aérées par l'ouverture de toutes les fenêtres.

Le nettoyage du sol ne doit pas être fait à sec par le balayage, mais au moyen d'un linge ou d'une éponge mouillée promenée sur le sol.

Hebdomadairement, il est fait au lavage de sol à grande eau et avec un liquide antiseptique. Un lavage analogue des parois ou un badigeonnage à la chaux doivent être faits au moins deux fois par an, notamment aux vacances de Pâques et aux grandes vacances.

La propreté des enfants est surveillée à leur arrivée.

Chaque enfant doit se laver les mains au lavabo avant la rentrée en classe, après chaque récréation et avant les repas.

En cas de maladie contagieuse ou d'épidémie, les mesures prévues par les articles 122 et 123 de l'arrêté précité seront strictement appliquées.

Section II. — ENSEIGNEMENT

Art. 17. -- L'enseignement privé sera donné exclusivement, soit en langue indigène, soit en langue française.

La langue française sera exclusivement employée dans les établissements ou les classes distribuant un enseignement français ou franco-indigène.

La langue locale sera utilisée dans les écoles ou les classes privées élémentaires indigènes correspondant aux trois premières années de l'enseignement primaire public, dans les conditions prescrites pour l'enseignement public par l'arrêté du 18 septembre 1924.

Art. 18. — Conformément au décret du 11 mai 1924, les classes ou séries de classe préparant les élèves aux divers examens publics (Certificat d'études élémentaires indigènes, Certificat d'études primaires franco-indigènes, Diplômes d'études primaires supérieures franco-indigènes,—examens français) sont tenues de suivre les programmes des classes correspondantes de l'enseignement public.

L'enseignement des caractères chinois pourra être donné au même titre que l'enseignement d'une langue vivante ; cet enseignement sera également toléré dans ses rapports avec la morale traditionnelle, les papiers de famille, les actes administratifs et le commerce indochinois.

Art. 19. — Dans les écoles chinoises fondées et entretenues par des particuliers ou des congrégations, les pro-

grammes et emplois du temps comprendront obligatoirement l'enseignement du français en plus de celui de la
langue chinoise et seront, dans chaque cas, soumis à l'examen du Chef de l'Administration locale.

ART. 20. — Conformément à l'article 5 du décret du 14
Mai 1924, les directeurs des écoles privées sont entièrement
libres dans le choix des méthodes d'enseignement et des
livres scolaires, sous réserve que ceux-ci ne contiendront
rien de contraire à la morale, à l'organisation française ou
à celle des Etats protégés et ne seront pas interdits par
le Conseil consultatif de l'Instruction publique.

ART. 21. — A la fin de l'année scolaire, le Directeur de
l'établissement adresse au Résident Supérieur, par l'intermédiaire de l'Administrateur-Maire ou Chef de province,
un rapport sur la situation et le fonctionnement de
l'établissement.

Ce rapport indiquera notamment les effectifs du personnel et les mutations survenues, le nombre des élèves et
s'il y a lieu, des internes, les conditions matérielles de
l'installation, l'état sanitaire, la situation morale, les manuels en usage et les résultats obtenus.

Section III. — MODE DE CONTROLE.

ART. 22. — Le Directeur de l'Instruction publique en
Indochine ou ses délégués chargés de mission d'inspection
ont accès dans toutes les écoles privées du Tonkin.

Le contrôle de ces établissements est assuré, sous l'autorité de l'Administrateur Chef de circonscription et, selon
le cas, du Directeur local de la Santé ou du Chef local du
Service de l'Enseignement :

1· Par les Inspecteurs français et indigènes du Service
de l'Enseignement et, occasionnellement, par les fonctionnaires spécialement désignés à cet effet par le Chef local
du Service de l'Enseignement ;

2· Par les médecins français et indigènes du Service
local de la Santé.

Le Directeur de l'établissement est tenu de laisser pénétrer en tout temps dans tous les locaux occupés ou fré-
quentés par les élèves. les autorités ci-dessus désignées ;
de leur présenter les élèves ; de leur fournir tous les
renseignements nécessaires pour leur permettre d'apprécier
les conditions matérielles et morales du fonctionnement
de l'école, et de leur communiquer notamment les registres prévus par l'article 2 du décret du 14 Mai 1924.

ART. 23. — Le contrôle des établissements d'enseignement privé par les Inspecteurs de l'Enseignement porte
sur l'exécution de toutes les obligations imposées à ces
établissements par les règlements en vigueur, notamment
par le décret du 14 Mai 1924 et par le présent arrêté.

Les Inspecteurs de l'Enseignement peuvent exiger que
les exercices de la classe soient continués en leur présence et que les manuels et publications en usage dans l'école
ainsi que les cahiers des élèves, leur soient présentés. Ils
ont également le droit de se faire délivrer immédiatement
un exemplaire de tel ou tel de ces documents pour examen
ultérieur plus approfondi. Ces publications et cahiers
seront retournés à l'école par les soins de l'autorité compétente au cas où ils ne donneraient lieu à aucune observation.

A l'issue de chaque visite, un rapport de constatations
faites est adressé par l'Inspecteur au Chef de la Circonscription et au Chef local du Service de l'Enseignement.

Art. 24. — Le contrôle des médecins du Service local de la santé porte spécialement sur :

1· La salubrité des locaux et de leurs abords et l'observation des règles de l'hygiène scolaire ;

2· L'état sanitaire des élèves et des maîtres indigènes,

Ils adressent un rapport de leur inspection au Chef de la Circonscription et au Directeur local de la Santé.

Art. 25. — Si des inconvénients, dangers ou abus, sont constatés, le Résident Supérieur, sur le rapport du Directeur local de la Santé ou du Chef du Service de l'Enseignement, engage la procédure fixée par l'arrêté du 27 janvier 1925, ou adresse au Directeur de l'établissement telles injonctions qu'il croit utiles, et lui impartit un délai pour s'y conformer.

Si le Directeur ne satisfait pas à ces injonctions, les dispositions de l'arrêté précité lui sont appliquées.

CHAPITRE III

DISPOSITIONS DIVERSES.

Art. 26 — Les Directeurs des établissements d'enseignement privé existant actuellement au Tonkin et qui auront été déclarés dans les conditions et les délais fixés par l'article 1 du décret du 14 Mai 1921, auront un délai de deux ans à compter de la publication du présent arrêté pour se conformer aux prescriptions ci-dessus édictées. Ils seront néanmoins soumis, dès à présent, au contrôle institué par le présent arrêté.

En ce qui concerne les titres de capacité requis, des dispenses pourront exceptionnellement, à l'expiration du délai susvisé, être accordées au personnel actuellement en fonctions, par décision du Résident Supérieur après avis du Conseil local de l'Enseignement.

Art. 27 — Les Directeurs et professeurs sujets ou protégés française des établissements préparant exclusivement à l'exercice des cultes sont dispensés des conditions d'âge et de Diplômes exigées par les articles 3 à 10, mais demeurent soumis à toutes les autres obligations du présent arrêté.

Art. 28 — Les dispositions du présent arrêté, à l'exception des articles 3 à 10 et 17 à 21 relatifs aux conditions de capacité et aux conditions de l'enseignement, sont également applicables aux pensionnats privés réunissant plus de cinq enfants ou jeunes gens qui, ne recevant aucune instruction dans le pensionnat même, fréquentent une école publique ou privée distincte du pensionnat.

Art. 29 — L'Administrateur Chef de cabinet, le Directeur local de la santé et le Chef du Service de l'enseignement sont chargés, chacun en ce qui le concerne, de l'exécution du présent arrêté.

Hanoi, le 2 Mai 1925

KRAUTHEIMER.

Ecoles subventionnées. -- Les Ecoles subventionnées sont entretenues en totalité, ou partiellement par le budget local.

Ces écoles jouissent de quelques avantages, variables suivant les écoles. Les maîtres se renseigneront près de leurs prédécesseurs.

Ecoles sur fonds de concours. -- Cette dénomination erronée ne doit plus être employée. On peut la remplacer par celle-ci « Ecoles entretenues entièrement par les populations ». Ce genre d'écoles tend à disparaître, l'administration acceptant un forfait pour la solde des maîtres dans les écoles créées depuis le 1er Septembre 1924.

Ecritures. — Le Directeur de l'école tient obligatoirement les registres suivants :

1· Un registre de correspondance à l'arrivée ;
2· — d· — au départ ;
3· Un recueil de pièces de principe (arrêté, circulaire, etc)
4· Un registre matricule,
5· Un registre des factures.
6· Un catalogue des livres de la bibliothèque ;
7· Un registre d'inventaire ;
8· Un registre de fournitures scolaires.

R. S. Art. 3

Education physique. — A l'application des règles de l'hygiène, il est indispensable de joindre la pratique des exercices corporels. Chez l'enfant qui ne prend pas chaque jour une certaine dose de mouvement, en effet, la respiration est superficielle, la nutrition générale est ralentie, les muscles s'atrophient, les troubles nerveux sont fréquents, enfin l'organisme tout entier est encombré de produits toxiques et prédisposé aux maladies. Il est établi, au contraire, qu'en prenant de l'exercice l'enfant fait provision d'oxygène et accroît dans une forte proportion ses échanges respiratoires.

Il en résulte, dit M. le Docteur Boigey, médecin chef de l'hôpital de Joinville, " une suractivité fonctionnelle générale favorable à la marche régulière de la croissance ". De plus en développant les muscles, l'exercice corporel corrige les déviations de la colonne vertébrale. Il rétablit enfin une équilibre salutaire entre l'activité physique et l'activité intellectuelle.

Mais pour que cet exercice soit vraiment efficace, il faut qu'il soit attrayant. " Il n'est pas. dit encore M. le Docteur Boigey, de meilleur tonique que le plaisir. Sous un choc, le cœur, bat plus vite, la respiration est plus profonde, un sentiment de bien être accompagne tout contentement. "

Cette joie un peu animale, si saine et si favorable à l'organisme tout entier, les jeux sont éminemment propres à la procurer à l'enfant. Ils réalisent la forme idéale de l'exercice physique dans les trois premiers cours, enfantin, préparatoire et élémentaire.

Certains de ces jeux sont surtout récréatifs (les billes, la toupie, colin-maillard) d'autres qui exigent un plus grand effort musculaire sont de véritables jeux gymnastiques (les rondes, le cerceau, le saut à la corde, les quatre coins, les barres, la balle cavalière . . . .) ; mais tous répondent à la fois, à des degrés divers, au besoin d'exercice et au besoin de plaisir si vifs chez les écoliers. Maîtres et maître ses doivent donc encourager ces jeux et en prendre la direction Ils feront aussi exécuter des mouvements rythmés. ainsi qu'un certain nombre d'exercices d'ordre, formation des rangs, marches, évolutions, ruptures et rassemblements.

Aux cours moyen et supérieur, sans abandonner les jeux, il convient de les compléter par des exercices de développement plus méthodiques choisis et groupés de façon à assouplir et à développer harmonieusement le corps. Dans les manuels en vigueur, le " Manuel d'exercices physiques et de jeux scolaires " par exemple. Ces exercices sont groupés en séries : marches et évolutions, mouvements des bras et des jambes, exercices de suspension, mouvements du tronc, exercices respiratoires, etc.... Chaque série comprend un certain nombre d'exercices classés progressivement suivant la difficulté de l'exécution et l'intensité des efforts.

Pour être complète et efficace, une leçon de gymnastique doit donc comporter un certain nombre d'exercices pris dans chaque série, de manière a s'adresser successivement à toutes les fonctions de l'organisme et à toutes les parties du corps. Il est facile de graduer ces leçons en composant les premières par les exercices des plus faciles de chaque série et en arrivant progressivement aux exercices les plus difficiles, de manière à obtenir des efforts de plus en plus intenses des exécutants.

C. N· 441-C du 20 mai 1923
D. E. P.

Elèves (classement des). — Chaque année à la rentrée, le Directeur répartit les élèves dans les différents cours suivant leur degré d'instruction – Il peut instituer, à cet effet, un examen. Ce dernier est obligatoire pour les enfants nouvellement admis ainsi que pour les élèves passant au Cours Moyen ou Cours Supérieur.

Les élèves provenant d'autres écoles sont classés d'après les mêmes règles sans tenir compte du cours antérieurement suivi.

Dans les cas douteux, l'élève doit être classé dans le cours immédiatement inférieur.

Le classement arrêté devient définitif pour toute l'année scolaire ; il ne peut être modifié qu'à titre exceptionnel.

R. S. Art. 11

Elèves. — (Installation des élèves). — L'installation des élèves en classe sera déterminée, non d'après leurs notes, mais d'après leurs aptitudes physiques ou morales.

Les plus petits et les moins actifs ainsi que ceux qui ont une vision ou une audition défectueuse seront placés en avant, près de la chaise du maître et du tableau noir.

On évitera de grouper ensemble des élèves distraits ou dissipés. Dans une classe comprenant plusieurs cours ou divisions, les différents groupes ne devront jamais être mélangés — Ils seront autant que possible disposés parallèlement en profondeur et non les unes derrière les autres.

L'examen de la vision et de l'audition des élèves a lieu obligatoirement à la rentrée des classes.

R. S, Art. 12

Elèves (Recrutement des). — Il y a intérêt à recruter autant que possible les élèves sur place afin de ne pas occasionner aux familles des frais trop considérables. Cependant les écoles de plein exercice étant rares, il semble qu'elles puissent recruter par leurs cours moyens les bons élèves des cours élémentaires de l'intérieur.

Elèves maîtres. — Voir *Ecoles Normales* et *Cours Normaux*.

Emploi du temps. — Au commencement de chaque année scolaire, le tableau de l'emploi du temps par jour et par heure est dressé par le Directeur de l'Ecole et, après approbation de l'Inspecteur des Ecoles de la circonscription ou du Chef du Service de l'Enseignement, il est affiché dans les salles de classe et dicté aux élèves.

La répartition des exercices doit satisfaire aux conditions ci-après :

1· Les trente heures de classe par semaine (y compris les récréations et les exercices physiques) seront réparties suivant les cours d'après les indications données dans le règlement scolaire modèle.

2· Chaque séance, coupée par les récréations règlementaires, doit être partagée en plusieurs exercices différents dont la durée proportionnée à l'âge moyen des élèves, sera de :

1/4 d'heure à 1/2 heure au Cours enfantin

1/2 heure à 3/4 d'heure aux cours préparatoires et élémentaires.

1/2 heure à 1 heure aux Cours moyen et supérieur

3· Les exercices qui demandent le plus grand effort d'attention, tels que les exercices d'arithmétique, de grammaire, de rédaction seront placées de préférence le matin.

Les exercices physiques, auront lieu à la fin de la classe du soir ou, à défaut, pendant les récréations ;

4· Chaque exercice comprend en principe des explications et des interrogations orales suivies d'un devoir écrit.

La correction des devoirs et la récitation des leçons ont lieu pendant les heures de classe auxquelles se rapportent ces devoirs et ces leçons. Toutefois, les rédactions sont corrigées par le maître en dehors de la classe.

5· Dans une classe comprenant plusieurs cours, les maîtres combinent les leçons et les devoirs écrits de manière à occuper utilement tous les élèves et à attribuer à chaque groupe une part équitable d'enseignement direct. Il prévoit des leçons communes aux différents cours pour les matières à programmes concentriques (morale, leçons de choses, lecture) S'il est chargé des trois cours inférieurs, il peut se faire seconder pour le cours enfantin, par un ou plusieurs élèves plus avancés remplissant le rôle de moniteur.

R. S. Art. 14

EMPLOI DU TEMPS
Cours Supérieur

HORAIRE Été	Hiver	Lundi	Mardi	Mercredi	Vendredi	Samedi
7½	8ʰ.					
7¾	8¼	Hygiène	Morale	Morale	Morale	Morale
8ʰ.	8½					40ᵐ. Composition fr.
8¼	8¾	Lecture fr.	Récitation fr.	Composition fr.	Récitation fr.	
8½	9ʰ.				Géométrie	1,2ʰ Arithmétique
8¾	9¼	Arithmétique	Système métrique	Arithmétique		
9ʰ.	9½				Dessin géomètrie	20ᵐ. Traduction
9¼	9¾					
9½	10ʰ.	Récréation				
9¾	10¼	40ᵐ. Rédaction fr.	Vocabulaire	40ᵐ. Traduction	Géographie	Lecture fr.
10ʰ.	10½					
10¼	10¾	20ᵐ. Ecriture	Rédaction annte.	20ᵐ. Lecture fr.	Lecture annte.	Vocabulaire
10½	11ʰ.					
2½	2ʰ.					
2¾	2¼	Vocabulaire	Leçon de choses	Leçon de choses	Leçon de choses	Leçon de choses
3ʰ.	2½					
3¼	2¾	Orthographe	Géographie	Orthographe	Vocabulaire	Orthographe
3½	3ʰ.					
3¾	3¼	Récréation				
4ʰ.	3½					
4¼	3¾	Grammaire	Lecture fr.	Grammaire	Lecture fr.	Travail manuel
4½	4ʰ.					
4¾	4¼	Histoire	Dessin	Histoire	Dessin	Lecture par le maître
5ʰ.	4½					

EMPLOI DU TEMPS
Cours Moyen

HORAIRE Été	HORAIRE Hiver	Lundi	Mardi	Mercredi	Vendredi	Samedi
$7^1/_2$	8^h	Morale		Morale		Morale
$7^3/_4$	$8^1/_4$		Morale		Morale	
8^h	$8^1/_2$	Lecture fr.		Rédaction fr		Rédaction fr
$8^1/_4$	$8^3/_4$		Récitation fr		Récitation fr.	
$8^1/_2$	9^h					
$8^3/_4$	$9^1/_4$	Arithmétique	Système métrique	Arithmétique	Géométrie et Dessin géométrique	Arithmétique
9^h	$9^1/_2$					
$9^1/_4$	$9^3/_4$					
$9^1/_2$	10^h	Récréation				
$9^3/_4$	$10^1/_4$	Vocabulaire	Vocabulaire	Vocabulaire	Vocabulaire	Vocabulaire
10^h	$10^1/_2$					
$10^1/_4$	$10^3/_4$	Dessin	Écriture	Dessin	Grammaire	Lecture fr.
$10^1/_2$	11^h					
$2^1/_2$	2^h					
$2^3/_4$	$2^1/_4$	Hygiène	Leçon de choses	Leçon de choses	Leçon de choses	Leçon de choses
3^h	$2^1/_2$					
$3^1/_4$	$2^3/_4$	Orthogr. fr.	Rédaction annte.	Orthogr. fr.	Récitation annte. 25m. / 20m. Traduction	Orthogr. fr.
$3^1/_2$	3^h					
$3^3/_4$	$3^1/_4$					
		Récréation				
4^h	$3^1/_2$					
$4^1/_4$	$3^3/_4$	Géographie	Lecture fr.	Lecture fr.	Lecture fr.	Lecture par le maître
$4^1/_2$	4^h					
$4^3/_4$	$4^1/_4$	Lecture annte.	Grammaire	Géographie	Histoire	Travail manuel
5^h	$4^1/_2$					

EMPLOI DU TEMPS
Cours Élémentaire

HORAIRE Été	Hiver	Lundi	Mardi	Mercredi	Vendredi	Samedi
$7^1/_2$	8^h					
$7^3/_4$	$8^1/_4$	Morale	Morale	Morale	Morale	Morale
8^h	$8^1/_2$		Récitation fr.	Arithmétique	Récitation fr.	Arithmétique
$8^1/_4$	$8^3/_4$	Lecture française	Lecture fr.	Vocabulaire	Lecture fr.	Récit. annte.
$8^1/_2$	9^h					
$8^3/_4$	$9^1/_4$					
9^h	$9^1/_2$	Arithmétique	Système métrique	Lecture fr.	Dessin linéaire	Lecture fr.
$9^1/_4$	$9^3/_4$					
				Récréation		
$9^1/_2$	10^h					
$9^3/_4$	$10^1/_4$	Vocabulaire	Rédaction fr.	Géographie	Vocabulaire	Géographie
10^h	$10^1/_2$					
$10^1/_4$	$10^3/_4$	Dessin	Vocabulaire	Ecriture	Rédaction fr	Ecriture
$10^1/_2$	11^h					
$2^1/_2$	2^h					
$2^3/_4$	$2^1/_4$	Hygiène	Leçon de choses	Leçon de choses	Arithmétique	Leçon de choses
3^h	$2^1/_2$					
$3^1/_4$	$2^3/_4$	Orthogr. fr	Lecture par le maître et causerie	Orthogr. fr.	Orthographe annte.	Orthogr. fr
$3^1/_2$	3^h					
$3^3/_4$	$3^1/_4$					
				Récréation		
4^h	$3^1/_2$					
$4^1/_4$	$3^3/_4$	Rédaction annte.	Lecture annamite	Rédaction annte.	Lecture annamite	Traduction
$4^1/_2$	4^h					
$4^3/_4$	$4^1/_4$	Histoire	Travail manuel	Dessin	Travail manuel	Lecture par le maître
5^h	$4^1/_2$					

EMPLOI DU TEMPS

Cours Préparatoire

HORAIRE Été	Hiver	Lundi	Mardi	Mercredi	Vendredi	Samedi
$7^1/_2$ — $7^3/_4$	8^h — $8^1/_4$	Morale	Morale	Morale	Morale	Morale
8^h — $8^1/_4$	$8^1/_2$ — $8^3/_4$	Vocabulaire	Vocabulaire	Vocabulaire annamite	Vocabulaire	Vocabulaire
$8^1/_2$ — $8^3/_4$	9^h — $9^1/_4$	Arithmétique	Arithmétique	Arithmétique	Arithmétique	Système métriq
9^h — $9^1/_4$	$9^1/_2$ — $9^3/_4$	Lecture Annamite	Récitation annte.	Lecture Annte.	Récitation annte	Lecture Annte.
$9^1/_2$	10^h	Récréation				
$9^3/_4$ — 10	$10^1/_4$ — $10^1/_2$	Récitation Fr.	Lecture Fr.	Lecture Fr.	Lecture Fr.	Lecture Fr
$10^1/_4$ — $10^1/_2$	$10^3/_4$ — 11^h	Ecriture	Dessin	Ecriture	Dessin	Dessin linéaire
$2^1/_2$ — $2^3/_4$ — 3^h	2^h — $2^1/_4$ — $2^1/_2$	Leçon de choses	Leçon de choses	Leçon de choses	Leçon de choses	Vocabulaire Annamite
$3^1/_4$ — $3^1/_2$ — $3^3/_4$	$2^3/_4$ — 3^h — $3^1/_4$	Vocabulaire	Vocabulaire	Vocabulaire	Vocabulaire	Rédaction annte
4^h	$3^1/_2$	Récréation				
$4^1/_4$ — $4^1/_2$	$3^1/_2$ — 4^h	Géographie	Orthographe Annamite	Rédaction Annamite	Orthographe Annamite	Lecture par le Maître
$4^3/_4$ — 5^h	$4^1/_4$ — $4^1/_2$	Lecture Fr	Géographie	Travail manuel	Histoire	Travail manuel

EMPLOI DU TEMPS
Cours Enfantin
(où l'Annamite seul est enseigné jusqu'au 6e mois)

HORAIRE Été	Hiver	Lundi	Mardi	Mercredi	Vendredi	Samedi
7¹/₂	8ʰ.					
7³/₄	8¹/₄	Morale	Morale	Morale	Morale	Morale
8ʰ.	8¹/₂	Vocabulaire et Conversation (1)	Vocabulaire et Conversation (1)	Vocabulaire et Conversation (1)	Vocabulaire et Conversation (1)	Vocabulaire et Conversation (1)
8¹/₄	8³/₄					
8¹/₂	9ʰ.					
8³/₄	9¹/₄	Calcul	Système métrique	Calcul	Calcul	Système métriq. et Calcul mental
9ʰ.	9¹/₂					
9¹/₄	9³/₄					
9¹/₂	10ʰ.	Récréation				
9³/₄	10¹/₄	Lecture	Lecture	Lecture Fr. (2)	Récitation	Lecture française (2)
10ʰ.	10¹/₂					
10¹/₄	10³/₄	Ecriture	Dessin	Ecriture	Dessin linéaire	Ecriture
10¹/₂	11ʰ.					
2¹/₂	2ʰ.					
2³/₄	2¹/₄	Géographie	Leçon de choses	Leçon de Choses	Vocabulaire	Leçon de choses
3ʰ.	2¹/₂					
3¹/₄	2³/₄	Orthogr. et Vocabulaire (1)	Copie Ecriture	Orthogr.	Lecture Fr. (2)	Orthogr.
3¹/₂	3ʰ.					
3³/₄	3¹/₄					
4ʰ.	3¹/₂	Récréation				
4¹/₄	3³/₄	Récitation	Lecture Fr. (2)	Exercice de langage	Géographie	Lecture
4¹/₂	4ʰ.					
4³/₄	4¹/₄	Exercice de langage	Travail Manuel	Récit ou lecture par le maître	Copie Ecriture	Travail manuel
5ʰ.	4¹/₂					

(1) En Annamite pendant les 6 premiers mois

En Français de la 7ᵉ mois.

(2) Leture Annamite pendant les 6 premiers mois.

EMPLOI DU TEMPS

Été	Hiver	Lundi — Cours El.	Cours Prép.	Cours Enf.	Mardi — Cours El.	Cours Prép.	Cours Enf.	Mercredi — Cours El.	Cours Prép.	Cours Enf.	Vendredi — Cours El.	Cours Prép.	Cours Enf.	Samedi — Cours El.	Cours Prép.	Cours Enf.
7 1/2	8h															
7 3/4	8 1/4	MORALE			MORALE			MORALE			MORALE			MORALE		
8h	8 1/2	Arithmétique		Lecture Ann.	Arithmétique	Écriture	Géographie	Arithmétique	Orthographe annamite	Lecture annamite	Arithmétique	Écriture	Géographie	Écriture	Arithmétique	Lecture annamite
8 1/4	8 3/4		Écriture	Écriture		Arithmétique	Écriture		Arithmétique	Écriture		Arithmétique	Écriture	Traduction	Vocabulaire français	
8 1/2	9h	Écriture	Arithmétique	Calcul	Orthographe française		Calcul mental	Rédaction annamite	Lecture annamite	Calcul	Orthographe française	Lecture annamite	Calcul	Récitation annamite	Lecture annamite	Calcul
8 3/4	9 1/4															
9h	9 1/2															
9 1/4	9 3/4	RÉCRÉATION														
9 1/2	10h															
9 3/4	10 1/4	VOCABULAIRE FRANÇAIS			VOCABULAIRE FRANÇAIS			VOCABULAIRE FRANÇAIS			VOCABULAIRE FRANÇAIS			Orthographe annamite	Lecture française	Travail manuel
10h	10 1/2	Lecture fran.	Dessin liné.	Orthographe annamite	Lecture française	Lecture annamite M	Dessin linéaire	Lecture française	Dessin d'ornement	Récitation annamite	Lecture française	Récitation annamite		Lecture française	Rédaction annamite	
10 1/4	10 3/4															
10 1/2	11h															
		INTERCLASSE															
2 1/2	2h															
2 3/4	2 1/4	EXERCICE DE LANGAGE			EXERCICE DE LANGAGE			EXERCICE DE LANGAGE			EXERCICE DE LANGAGE			EXERCICE DE LANGAGE		
3h	2 1/2	Rédaction française	Vocabulaire français		Traduction	Vocabulaire français		Récitation française	Lecture annamite		Rédaction française	Vocabulaire français		Géographie	Orthographe annamite	Rédaction annamite
3 1/4	2 3/4	Dessin linéaire	Lecture française	Copie	Géographie	Lecture fran.	Orthographe Annamite	Orthographe annamite	Lecture française	Rédaction annamite	Dessin d'ornement	Lecture française	Orthographe annamite	Travail manuel		Calcul
3 1/2	3h															
3 3/4	3 1/4	RÉCRÉATION												Lecture annamite	Géographie	Écriture
4h	3 1/2	LEÇON DE CHOSES			LEÇON DE CHOSES			LEÇON DE CHOSES			LEÇON DE CHOSES					
4 1/4	3 3/4	Histoire		Lecture annamite	Lecture anna.	Géographie	Lecture annamite	Travail manuel	Rédaction annamite	Lecture annamite	Lecture annamite	Travail manuel	Lecture annamite M	Lecture faite par le maître		
4 1/2	4h															
4 3/4	4 1/4															
5h	4 1/2															

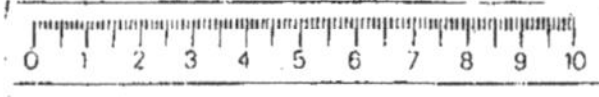

Emploi du temps d'une classe à 8 cours (*Utilisation de l'*). —

Journée du Lundi-Leçon de morale commune. — Les élèves du Cours Elémentaire du Cours Préparatoire copient un résumé pendant que le maître expose la leçon de lecture au Cours enfantin. Un moniteur achève cette leçon de lecture et le maître s'occupe de la leçon de calcul au Cours élémentaire puis vérifie l'écriture dans les 2 autres cours. Il fait ensuite la correction du calcul au Cours Elémentaire, expose la leçon d'arithmétique au Cours Préparatoire et pendant que les élèves de ce cours font le problème, il donne une leçon de calcul au Cours enfantin et corrige l'écriture au Cours Elémentaire.

La leçon de vocabulaire est commune, mais le nombre de mots à apprendre est plus grand dans les cours plus élevés. Si les élèves du Cours enfantin n'apprennent pas le français, ils font une copie pendant la leçon de vocabulaire.

Un dessin étant préparé au tableau pour les élèves du Cours Préparatoire, un moniteur fait une dictée au cours enfantin et le maître s'occupe de la lecture française au Cours Elémentaire.

La classe du soir commence par un exercice de langage (français) Un sujet de rédaction est donné au Cours élémentaire et le maître fait une leçon de vocabulaire aux 2 autres cours. Pendant la copie des mots appris, le maître explique le dessin au Cours Elémentaire, puis il passe à la lecture française au Cours Préparatoire.

La leçon de choses, faite en annamite, est commune aux 3 cours.

La leçon d'histoire est faite ensuite au Cours Elémentaire et au Cours Préparatoire. Un moniteur s'occupe des petits du Cours Enfantin pour la lecture annamite.

Encriers. — Les encriers doivent être solidement adaptés aux tables dans un orifice spécial et formés d'un récipient de verre ou de porcelaine. Ils seront placés à la droite des élèves.

L'encre étant fournie par l'Administration, il appartient aux maîtres de faire remplir les encriers par le coolie de l'école ou par un grand élève.

Cette encre sera préparée par le maître ou sous sa surveillance. Il faut une boîte d'encre en poudre pour $3/4$ de litre d'eau chaude pour obtenir une encre convenable. L'Encre violette donne de meilleurs résultats que l'encre noire.

Certains maîtres distribuent les boîtes d'encre en poudre comme récompense aux élèves. Il y a là un abus qui ne doit pas se perpétuer.

Entrée des classes. — Pendant la durée des classes, toute personne étrangère à l'enseignement et qui n'a aucun droit à la surveillance ou à l'inspection des établissements scolaires, ne peut pénétrer dans l'école.

Lorsque les parents désirent s'entretenir de leurs enfants avec le Directeur, ils doivent le faire seulement dans l'intervalle des classes.

Enfants de fonctionnaires de l'Enseignement. — Les enfants de fonctionnaires de l'enseignement ont droit à l'exonération des frais d'études dans les établissements d'enseignement primaire supérieur.

Entretien des bâtiments, du mobilier. — En principe l'entretien des bâtiments et du mobilier incombe à la collectivité qui a pris la charge de la construction ou de l'achat.

Epidémies. — En temps d'épidémie, les maîtres doivent donner à leurs élèves les conseils nécessaires pour éviter la contagion. Ils ne doivent pas se montrer exigeants au sujet des absences surtout avec ceux qui habitent les endroits contaminés.

Si l'épidémie sévit à l'école, le Directeur doit aviser l'Inspecteur des Ecoles du chef-lieu ou à défaut, le Résident de la province en faisant connaître la situation exacte de l'école en élèves absents, élèves malades et élèves décédés. Les mesures nécessaires lui seront prescrites par l'autorité compétente.

Estrade. -- L'estrade du maître doit être placée vers le milieu de la classe au fond face aux élèves et les tables des élèves placées devant, symétriquement et régulièrement, de façon que le maître domine tous les élèves à la fois, et puisse les surveiller facilement.

Lorsque le mobilier est bien adapté à la taille des élèves, l'estrade peut être supprimée sans inconvénient, le maître pouvant dominer suffisamment sa classe.

État de solde.

ETAT des sommes dues à Monsieur Nguyên-van-Huyên, Instituteur de 8e classe en service à Bô-La (Thaibinh) pour indemnité acquise du 20 au 22 Août 1925.

Désignation des dépenses	Montant des dépenses	Observations
Location d'un pousse caoutchouté pour le transport de sa personne de Bô La à Thai-Binh 6km	0$30	Feuille de route No 12 Les parties prenantes illettrées ont été payées en présence de deux témoins soussignés qui l'attestent.
Et retour	0 ,30	L'Administrateur - Résident de France à Thaibinh certifie que les tarifs sont conformes à ceux appliqués dans la province,
	0$60	

Arrêté le présent état à la somme de SOIXANTE CENTS.

Bô-La, le 25 Août 1925.

(Signature de l'intéressé.)

Etat de débours.

ETAT des sommes déboursées par M. Nguyên-van-Tao. Instituteur pour divers achats faits au Groupe scolaire de Namdinh.

Désignation des dépenses	Montant des dépenses	Observations
Achat de 2 jarres en terre cuite à 1$20	2 $ 40	165 (1)
Achat de 2 cuvettes émaillées à 0$85	1 , 70	166
Achat de 20 morceaux de savon à 0$06	1 , 20	
Achat d'un tam-tam à 5$00	5 , 00	167
400 bambous femelles à 0$50 le 100	2 , 00	
200 mètres de fil de fer à 0$01	2 , 00	
Main d'œuvre (5 journées à 0$25) (Construction d'une palissade)	1 , 25	Les parties prenantes illettrées ont été payées en présence des deux témoins soussignés qui l'attestent. Giap At
Total.	15$55	

Arrêté le présent état à la somme de QUINZE PIASTRES CINQUANTE CINQ CENTS.

Inscrit le présent état le 30 juillet 1924 sous les N· 165 166, 167 du Registre d'inventaire et le N° 81 du Registre des factures

Le Directeur
(Signature et cachet)

A Nam dinh, le 30 juillet 1924.
L'intéressé
TAO

(1. Numéros d'enregistrement à inscrire à l'encre rouge.

EVICTIONS

A. — EVICTIONS DES ELEVES MALADES

Diphtérie. - 40 jours après guérison clinique constatée par certificat médical. Ce délai peut être abaissé si, après deux ensemencements opérés, à huit jours d'intervalle, l'examen bactériologique est négatif. Désinfection des livres et des cahiers, jouets ou objets qui ont pu être contaminés.

Variole. — 40 jours après le début de la maladie, la réadmission ne pouvant d'ailleurs avoir lieu que sur présentation d'un certificat médical constatant qu'il n'existe plus de croûtes ou squames et que l'élève a pris un bain. Désinfection générale, revaccination de tous les maîtres et élèves.

Scarlatine. — 40 jours Désinfection générale. Licenciement si plusieurs cas se produisent en quelques jours malgré toutes précautions.

Rougeole Rubéole et Varicelle. — 16 jours. Au besoin licenciement des enfants au-dessous de 6 ans.

Fièvre typhoïde et paratyphoïde. — Un mois après la guérison constatée par certificat médical.

Oreillons. — 10 jours.

Coqueluche. — 3 semaines.

Teigne. — Eviction successive. Retour après traitement et avec pansement méthodique.

Pian, syphilis. — Eviction successive pendant l'existence des accidents.

Choléra. — 3 semaines. Désinfection générale. Désinfection des livres et cahiers. Licenciement si plusieurs cas se produisent en quelques jours.

Peste. — Un mois. Désinfection des livres et des cahiers, désinfection générale. Licenciement si plusieurs cas se produisent en quelques jours.

Dysenterie bacillaire. — Un mois après la guérison constatée par certificat médical.

Méningite cérébro-spinale. — 40 jours après guérison clinique constatée par certificat médical, la réadmission ne pouvant d'ailleurs avoir lieu que sur attestation que l'enfant n'est pas ou n'est plus atteint de coryza chronique rebelle consécutif à la maladie. Ce délai peut être abaissé, s'il est établi par certificat bactériologique qu'après deux examens opérés à huit jours d'intervalle on ne trouve plus de trace de méningocoques dans la rhinopharynx.

Poliomyélite. — 30 jours après le début de la maladie. La destruction des livres et cahiers pourra être imposée lorsque la désinfection formulée paraît insuffisante, c'est-à-dire dans certains cas de maladies contagieuses particulièrement graves affectant une forme épidémique et hypertoxique.

Conjonctivites. — aiguës contagieuses et trachôme en activité. Réadmission sur certificat médical établissant la guérison, contrôles bactériologiques si possible.

B. — EVICTION DES FRERES ET SŒURS

a). — Si le malade n'a pas été isolé, ses frères et sœurs rentrent en même temps que lui, à moins qu'ils n'aient été eux-mêmes atteints.

b). — Si les malades ont été isolés ; la réadmission des frères et sœurs a lieu après un délai correspondant à la période d'incubation de la maladie augmentée de deux jours, dans les conditions ou sous les réserves suivantes :

Diphtérie. — 15 jours après l'isolement, sauf production d'un certificat bactériologique établissant qu'après deux ensemencements à huit jours d'intervalle le résultat est négatif.

Variole	—	18 jours
Scarlatine	—	8 jours
Rougeole	---	18 jours
Rubéole	---	18 jours
Varicelle	---	18 jours
Fièvre typhoïde et paratyphoïde	—	21 jours
Oreillons	---	10 jours
Coqueluche	-	20 jours
Dysenterie	--	20 jours

Méningite cérébro-spinale. — 28 jours, sauf production d'un certificat bactériologique établissant qu'après deux ensemencements opérés à huit jours d'intervalle on ne trouve plus trace de méningocoques dans le rhino-pharynx.

Poliomyélite	--	23 jours
Teigne	--	Pas d'éviction
Trachôme	--	Pas d'éviction

Conjonctivites aiguës contagieuses et trachôme en activité — Pas d'éviction.

(Arrêté No 3219-A du 7 octobre 1925 de M. le Résident Supérieur au Tonkin).

Externat. — Le régime ordinaire des écoles primaires est l'externat, cependant, il peut être annexé un internat à certaines écoles notamment pour recruter des élèves originaires de la haute région. (*Yên-Bay (Hoa-binh Chochu, etc.)*

Examen médical. — Les candidats à un emploi public doivent se faire examiner par un médecin de l'administration.

Voir *Aptitude physique. (Certificat d')*

Dans les écoles des chefs-lieux de province, il peut être fait appel au Médecin-chef de l'hôpital pour procéder à l'examen des élèves (classement par groupes pour l'éducation physique, conseils d'hygiène, maladies à dépister, etc).

Exclusion des élèves. — L'exclusion des élèves ne pourra être prononcée que par l'inspecteur des écoles sur proposition motivée du directeur intéressé.

L'exclusion est indiquée sur le rapport trimestriel.

Exclusion de candidats. — Dans tous les examens, le président de la Commission peut prononcer l'exclusion d'un candidat convaincu de fraude ou de tentative de fraude.

Le procès-verbal mentionne l'exclusion, et toutes les pièces justificatives de cette mesure doivent lui être annexées.

Exonération de frais d'études. — Les fils d'instituteurs ont droit à l'exonération des frais d'études dans les établissements d'enseignement primaire supérieur. Le R. S. peut accorder l'exonération aux élèves pauvres méritant cette faveur par leur travail et leur conduite.

Examen de passage. — Les élèves provenant d'un cours moyen sont astreints à subir les épreuves d'un examen de passage pour être admis au Cours supérieur. Cet examen comportera les épreuves suivantes, correspondant au programme du cours moyen :

Epreuves écrites :

a) Dictée d'un texte français servant d'épreuve d'écriture
1/2 heure

b) Petite rédaction française   1 heure

Epreuves orales :

a) Deux problèmes   10 minutes

b) Lecture suivie de conversation, d'un texte français, Leçon de choses ou de géographie   10 minutes

c) Traduction en annamite d'un texte français facile
10 minutes

La commission d'examen présidée par le Directeur de l'ecole comprendra au moins deux membres, dont obligatoirement les maîtres du cours Moyen et les maîtres du cours Supérieur.

Les notes étant de 0 à 20 pour chaque épreuve, les élèves n'ayant pas obtenu un minimum de 10 points ne seront pas admis au Cours Supérieur.

Les élèves ayant échoué à cet examen de passage sont admis à faire une seconde année de Cours moyen.

R. de l'I. P. Art. 129-130-131.

Examens locaux. — Les examens institués dans les divers pays d'Indochine pour sanctionner les études faites dans les écoles franco-indigènes du 1er et du 2e degré sont :

1· — Le Certificat d'études élémentaires

2· Le Certificat d'études primaires

3· Le Diplôme d'Etudes primaires supérieures

<table>
<tr><td>Timbre
de 0$12</td><td>**Facture** (modèle de)
de M. TRAN-THAI-LONG, Entrepreneur à
Vinh-Yên pour réparation faites aux écoles
de Vinh-Yên.</td></tr>
</table>

Désignation des travaux effectués	Prix convenu	Observations
Réparation de la toiture 3000 tuiles à 3$50 le mille	10$50	
0m³500 de bois de lim à 60$ le mètre cube	30, 00	
Main d'œuvre (25 journées à 0$30)	7, 50	
Réparation des portes et fenêtres 57 carreaux à 0$30	17. 10	
Main d'œuvre (2 journées à 0$35)	0, 70	
Total.....	65$80	

Arrêté la présente facture à la somme de SOIXANTE CINQ PIASTRES, quatre vingts cents.

A Vinh-Yên, le 2 juillet 1924.
L'Entrepreneur
LONG

Certifié les travaux faits
et inscrit la présente facture le
2 juillet 1924 sous le N° 120 du
registre des factures
Le Directeur
Signature et cachet.

Facture

de M. PHAM-HUY-CHINH, Fournisseur à Haiphong.
Le Groupe scolaire de Haiphong DOIT

Désignation des fournitures	Prix convenu	Observations
6 tables-bancs en lim à 10$	60$00	12
1 bureau en lim	7, 00	13
1 chaise en lim	2, 00	14
Total. . . .	69$00	

Arrêté la présente facture à la somme de SOIXANTE
NEUF PIASTRES.

A Haiphong, le 28 juillet 1924.
Le Fournisseur
CHINH

Reçu et pris en charge des
objets indiqués ci-dessus non
consommables sous les N· 12,
13, 14 de l'inventaire et inscrit
la présente facture le 29 Juillet
1924 sous le N· 157 du registre
des factures.

Le Directeur
(*Signature et cachet*)

Factures (Registre des). — Chaque facture doit être en-
registrée intégralement avec N· d'ordre et date de prise en
charge dans un registre dressé conformément au modèle

ci-après. Ces mentions sont reportées sur la facture qui
sera envoyée au service de l'enseignement pour l'établissement du mandat de paiement.

Registre des factures (modèle)

N° d'ordre et Date	Nom du fournisseur	Désignation des objets	Prix	Observations

Feuilles de route. — Une feuille de route est délivrée à
tout fonctionnaire se déplaçant pour un motif de service.
Elle lui est délivrée par la Résidence Supérieure (la Résidence ou la Délégation) sur sa demande appuyée de l'ordre de
service qui prescrit le déplacement. Cette pièce visée au départ par le fonctionnaire qui la délivre, doit être visée à
l'arrivée par un fonctionnaire de l'ordre administratif (Résident, Délégué, Chef de poste, mandarin, chef de canton ou
ly-truong).

Lorsque le déplacement ne dure qu'un jour, la date des
visas, toujours écrite en toutes lettres, doit comporter en
outre les heures de départ et d'arrivée.

Au terminus du voyage, l'intéressé doit retourner à la
Résidence la feuille de route et les états de débours.

Fermeture d'école publique. — La fermeture d'une
école publique ne peut être envisagée par l'autorité admi-

nistrative qu'à l'occasion d'une épidémie grave. Les maîtres ne peuvent jamais fermer l'école un jour de classe de leur propre autorité sauf en cas de maladie dûment constatée.

Fermeture d'Ecole privée — (Voir *Ecoles privées*)

Fixation du nombre d'élèves. — Les Directeurs arrêtent le nombre des élèves à recevoir dans chaque classe selon la place disponible. En principe une classe ne doit pas avoir plus de 60 élèves.

Franchise postale. — (Voir *Correspondance*)

Funérailles. — Lors du décès d'un maître en service, il semble que l'école, ou du moins la classe du défunt, doive suivre son convoi.

Si l'école est très importante, il peut n'être envoyé qu'une délégation des élèves et du personnel.

Fiches d'identification des femmes et enfants des fonctionnaires. — (Voir *admission dans les cadres*)

Il y a deux sortes de fiches : les fiches roses pour les femmes et les fiches vertes pour les enfants.

Sur ces fiches, en regard des mots «Administration ou Service» on mettra : Service de l'Enseignement «et après le mot cadre»: Instituteurs ou instituteurs auxiliaires. Les indications portées sur ces fiches doivent être très exactes et la prise des empreintes digitales des femmes et enfants sera faite sous le contrôle des chefs de province, Résidents Maires de Hanoi de Haiphong ou de Nam-Dinh, ou Commandants de territoire militaire.

Ces fiches seront établies en triple expédition ; deux seront adressées au Service de l'Enseignement local et une restera entre les mains des intéressés. Les N^os matricules des fonctionnaires doivent être reportés sur ces fiches. Pour les imprimés on s'adresse à la Résidence, ou à l'Inspection des écoles.

D'après circulaire N° 64 du 2 Octobre 1914.

Filles (*Ecoles primaires de filles indigènes*). — L'organisation des écoles primaires de filles obéit en principe aux mêmes règles que celle des écoles de garçons.

Il y aura au moins une école primaire de jeunes filles indigènes comportant le cycle complet de l'Enseignement Primaire dans chaque chef-lieu de province.

Toutefois, dans les localités où, par suite d'insuffisance momentanée de moyens, il ne serait pas possible d'installer séparément l'école de garçons et l'école de filles, il pourra être organisé une école mixte, soit que le même bâtiment serve pour les deux catégories d'élèves, soit que les mêmes instituteurs enseignent dans des locaux différents. Mais dans les deux cas, les classes doivent en principe être faites séparément aux filles et aux garçons ; cependant la réunion des filles et des garçons est autorisée au 1er cours du cycle primaire.

Code de l'I.P. Art. — 80

Il existe encore très peu d'écoles de plein exercice ou élémentaires de filles.

Fournitures scolaires. — Le Directeur doit prendre en charge les fournitures qu'il reçoit au compte de l'école Il les enregistre intégralement dans un registre dresés conformément au modèle suivant :

Registre d'entrée des fournitures

N° d'or- dre	Quanti- tés	Désignation des articles	Date de réception	Observations
1	30	Mains de papier blanc	15 mars 1924	Envoi du Service de l'enseignement

Registre de sortie des fournitures

Dates	Quantités	Désignation des articles	Destination
1/9/23	2 1	Mains de papier Boîte de craie	C. Élémentaire d°
6/9/23	1	Flacon d'encre rouge	C. Préparatoire

Fréquentation scolaire. — Les élèves doivent fréquenter l'école assidûment et y arriver à l'heure réglementaire. Ils ne peuvent s'absenter sans l'autorisation du Directeur.

Le maître tient un registre d'appel sur lequel il indique au début de chaque classe, les absences et leurs motifs.

Les élèves absents depuis plus de huit jours sans autorisation sont rayés des contrôles — Leur radiation est signalée dans le rapport trimestriel. Ils ne peuvent être repris que s'ils présentent une excuse valable.

R. S. Art. 24

Garde des locaux scolaires. --- La garde des locaux scolaires est commise au Directeur de l'école : il ne permettra pas qu'on les fasse servir à un usage étranger à leur destination sans une autorisation spéciale du Chef de la province.

Pendant les congés ou vacances, si l'école n'a pas de gardien indigène à demeure, le ly-truong du village où elle a son siège pourvoit à la garde des locaux. Avant de quitter son poste, le Directeur rend compte au Directeur des Ecoles de la circonscription ou, à défaut, au Chef du Service de l'Enseignement au Tonkin des conditions dans lesquelles est organisée cette surveillance.

En cas de vol ou de détérioration volontaire, le village peut être rendu responsable et tenu de réparer les déprédations commises et de remplacer les objets disparus.

(R. S. Art. 2)

Gratuité de l'enseignement primaire franco-indigène. — L'Enseignement primaire franco-indigène est gratuit. Les maîtres ne peuvent exiger ni des enfants ni de leurs parents aucune rétribution scolaire, si minime soit-elle.

Groupes scolaires. — Dans chaque chef-lieu de province, l'enseignement primaire sera donné sous la direction d'un maître français, et à défaut seulement de maître français, sous la direction d'un maître indigène. Lorsqu'il y aura dans un même chef-lieu de province, plusieurs écoles primaires de plein exercice ou primaires élémentaires, elles formeront un "groupe scolaire"

Dans les grandes villes, les écoles primaires, pourront être réparties entre plusieurs "groupes scolaires" ayant chacun leur directeur.

(R. G. de l'I. P. Art. 76)

La direction des groupes scolaires des Chefs-lieux de province peut être exercée par l'Inspecteur des Ecoles de la Circonscription,

Gens de service. — Voir " Coolie "

Géographie locale. — L'étude de la géographie doit commencer par l'examen du territoire où l'école est située.

Le maître devra donc se documenter sur la situation du village (puis du canton, du huyện, de la province,) où il exerce. Il doit connaître notamment le territoire, le nom et l'emplacement des hameaux, la situation de la maison commune, des voies de communication, des temples ou des pagodes, pour en faire un plan aussi exact que possible, la situation des villages voisins, la distance du village au huyện, et au Chef lieu de la province, etc.

Il ne devra pas ignorer le chiffre de la population (nombre d'inscrits multiplier par 4 ou par 5), le nombre d'enfants en âge d'aller à l'école (de 7 à 11 ans), les industries, les commerces, les cultures de la région.

Gymnastique. — Voir " *Education physique*"

Hameau (Écoles de). — Les règlements actuellement en vigueur ne prévoient pas ce genre d'école, mais il en existe déjà quelques-unes en fait. Ces écoles sont assimilées aux écoles communales ou intercommunales, et appartiennent aux communes qui les entretiennent. Installées dans le hameau d'un village elles peuvent servir à un ou plusieurs hameaux voisins de ce village ou d'autres villages·

Hiérarchie mandarinale. — Tous les fonctionnaires indigènes de l'Enseignement ont droit à l'obtention d'un grade de mandarinat dans la hiérarchie académique Han-Lâm. S'ils sont entrés dans l'enseignement avant le 9 Juillet 1914.

Après cette date, cette mesure n'est applicable qu'aux titulaires d'un diplôme universitaire.

En vertu des dispositions de l'arrêté du 13 Janvier 1919 de Monsieur le Gouverneur Général, les agents indigènes de l'Enseignement dont la solde est de 300$ (solde non relevée) ont droit au classement dans la hiérarchie mandarinale au point de vue des préséances et des honneurs.

Les instituteurs et instituteurs auxiliaires appelés à bénéficier de ce classement sont tenus de fournir une fiche contenant les renseignements suivants en Quôc-Ngu et en caractères chinois.

Nom et Prénom. . . . .
Village . . . .
Canton . . . .
Huyên . . . .
Province . . . .
Grade . . . .
Date de l'entrée dans l'Enseignement. . .
Titres universitaires avec date de l'obtention.

Hiérarchie mandarinale (classement). — Extrait de l'ordonnance royale portant classement hiérarchique des Annamites occupant un emploi public au Tonkin, en date du 26 décembre 1918, rendue exécutoire par arrêté du Gouverneur Général de l'Indochine en date du 13 Janvier 1919.

Solde non relevée	Temps de service	Classement dans la hiérarchie mandarinale.
	Cadre secondaire	
	Instituteurs et instituteurs auxiliaires	
300$		9 — 2
360$	1 an	9 — 1
420$	3 ans	8 — 2
540$	6 ans	8 — 1
720$	10 ans	7 — 2
1000$	18 ans	7 — 1
	Cadre Supérieur	
	Professeurs indigènes	
900$		7 — 2
1100$	4 ans	7 — 1
1400$	10 ans	6 — 2
1600$	13 ans	6 — 1
1800$	16 ans	5 — 2
2000$	20 ans	5 — 1
2000$	22 ans	4 — 2
2000$	24 ans	4 — 1

Hôpital. — Le taux de la retenue journalière d'hôpital à opérer sur la solde du personnel indigène des différents services de l'Indochine est fixé conformément au tarif ci-après :

Traitement annuel	Retenue journalière
Au-dessus de 1540$00	1$40
de 1321$ à 1540$00	1.20
de 1141$ à 1320$00	1.00
de 921$ à 1140$00	0.80
de 761$ à 920 $00	0.60
de 601$ à 760 $00	0.50
de 300$ à 600 $00	0.40
Au-dessous de 300$	0.20

Arrrêté du 28 Juin 1920 du R. S.

Hôpital (admission à l'). — Un maître malade ne peut obtenir un congé que sur production d'un certificat d'un médecin de l'administration. Sauf impossibilité reconnue, il doit se présenter au médecin de l'hôpital qui prononce l'hospitalisation s'il y a lieu. Le temps d'hospitalisation n'est pas compté comme congé.

A sa sortie de l'hôpital le maître peut obtenir un congé de convalescence délivré par le C. S. E (jusqu'à 15 jours) ou par le R. S.

Hôpital (consultation). — Les maîtres peuvent se présenter à la consultation de l'hôpital, après avoir informé l'inspecteur des Écoles si la consultation a lieu un jour de classe.

Dans les agglomérations où existe un hôpital ou une infirmerie, le directeur de l'école peut s'entendre avec le médecin ou l'infirmier pour envoyer chaque jour à la consultation maîtres et élèves malades.

Horaire. — Il y a cinq jours de classe par semaine : le lundi, le mardi, le mercredi, le vendredi et le samedi.

Le jeudi matin est consacré, s'il y a lieu, à l'enseignement des caractères chinois.

Les classes dureront 3 heures le matin et 3 heures le soir y compris les récréations et les exercices physiques. Toutefois, lorsque ces derniers auront lieu pendant les récréations, la durée de la classe du soir est ramenée à 2h 1/2.

La classe du matin commencera à 7h30 en été et à 8 heures en hiver ; celle de l'après midi, à 2h30 en été et 2 heures en hiver — Elles seront coupées l'une et l'autre par une récréation de 15 minutes.

Suivant les besoins des localités, les heures d'entrée et de sortie pourront être modifiées, sur la demande des autorités locales et l'avis conforme du Chef de la province et de l'Inspecteur des Écoles de la circonscription par le Chef du Service de l'Enseignement au Tonkin.

R. S. Art 13.

Lorsque l'Ecole est importante et le nombre de professeurs de caractères insuffisant, il peut être fait des cours de caractères tous les jours de la semaine.

Horaire (demande de modification d'). — Lorsque la situation de leur école impose évidemment une modification à l'horaire imposé, les maîtres adresseront au Chef de Service par la voie hiérarchique (pour avis de l'Inspecteur des Écoles et du Chef de la province) une demande indiquant exactement les motifs qui en nécessitent l'envoi (situation de l'école par rapport aux villages qui envoient leurs enfants, état des chemins, passages de cours d'eau en bac ou sampan, insécurité dans la moyenne région, etc),

Hygiène. — En ce qui concerne l'hygiène, le maître doit obligatoirement, dans les cours, inspecter les enfants sur les rangs avant leur entrée en classe, et exiger une propreté absolue. Il leur donne des conseils pratiques, soit en commun, soit en particulier, sur l'alimentation, la tenue du corps et les vêtements. Cet enseignement, sans jamais cesser d'avoir un caractère essentiellement pratique, devient plus complet et plus méthodique aux cours moyen et supérieur. Le maître insiste sur la valeur de la propreté. Il fait ressortir les dangers des fruits verts et des légumes crus, la nécessité de filtrer l'eau et même de la faire bouillir. Il indique les précautions à prendre contre certaines maladies contagieuses ainsi que les premiers soins à donner dans certains cas en attendant le médecin (syncopes, congestions, hémorragies). Dans les écoles de filles, le programme ci-dessus doit être complété par des conseils pratiques sur l'entretien d'une maison, des meubles, des ustensiles de cuisine, l'aménagement intérieur des pièces, le choix et la préparation des aliments. Les maîtresses donnent en outre les 1ères notions de puériculture (soins aux tout-petits, alimentation, propreté).

Circulaire N· 441 – c du 20-3-23.

D. E. P.

Par application de ces prescriptions, les maître interdiront dans l'enceinte de l'école la vente de fruits verts, d'aliments malsains, de boissons dangereuses ; ils interdiront l'usage de la pipe à eau fumée à tour de rôle par les coolies, les maîtres, les enfants, etc.

Voir aussi " *Eau potable* "

Identité des candidats. — Dans tous les examens indochinois les candidats doivent se munir d'une carte d'identité bien en règle. (Voir *Carte d'Identité*).

Les Présidents de commission ont tous pouvoirs pour faire vérifier, en cas de doute, l'identité des candidats.

Indemnité de logement. — Les instituteurs et institutrices, instituteurs auxiliaires et institutrices auxiliaires des cadres réguliers de l'enseignement primaire indigène du Tonkin recevront, s'ils ne bénéficient pas d'un logement en nature à titre gratuit dans un bâtiment de l'administration l'indemnité représentative prévue à l'article 122 du Règlement général de l'Instruction publique.

Le montant de cette indemnité est fixé comme suit :

6$ par mois pour les agents en service à Hanoi

4$ par mois pour les agents en service dans les écoles de plein exercice.

3$ par mois pour les agents en service dans les écoles élémentaires.

Arrêté N· 2004-P du 12 Juillet 1924.

Indemnités de route et de séjour. — Les fonctionnaires, et employés indigènes commissionnés des différents services généraux et locaux de l'Indochine, en déplacement dans l'intérieur de la colonie, reçoivent des indemnités de route et de séjour.

Arrêté du 22-2-1902.

La quotité journalière des dites indemnités est fixée comme suit :

5$	pour les fonctionnaires de la 1re	catégorie		A
3$	d·		—	B
2$	d·	2e	catégorie	A
1$40	d·	2e	—	B
0$80	d·	2e	—	C
0$60	d·	3e	—	
0$40	d·	4e	—	
0$30	d	5e	—	
0$20	d·	6e	—	A
0$12	d·	6e	—	B

Aucun déplacement ne donne droit à l'indemnité de route, lorsqu'il est effectué dans les limites de la circonscription à laquelle le fonctionnaire, employé et agent est attaché, à moins que la durée de l'absence n'excède 24 heures, auquel cas cette indemnité est payée suivant les règles ordinaires.

L'indemnité de séjour ne peut à moins d'une décision spéciale, être payée pendant plus d'un mois dans un même lieu de résidence.

Lorsque le séjour dans une même localité se prolonge au delà de 15 jours, l'indemnité est réduite de moitié.

Arrêté 24 Mai 1904.

Inspection des Ecoles Primaires. — L'inspection des écoles primaires au point de vue professionnel et technique est exercée :

a) occasionnellement par les fonctionnaires spécialement délégués à cet effet par le Chef de Service de l'Enseignement pour une mission d'inspection déterminée. — Ces délégués ne pourront être choisis que parmi les professeurs principaux de l'Enseignement primaire ayant occupé les fonctions de Directeur d'Ecole.

b) d'une manière permanente dans chaque province par l'inspecteur des écoles du secteur.

c) d'une manière permanente également dans les provinces dépourvues d'inspecteur français par des inspecteurs primaires indigènes.

Code de l'Instruction Publique Art. 94

Inspection (carnet d'). — Voir *Carnet d'Inspection*.

— 135 —

Inventaire. — Tout ce qui constitue le mobilier et le matériel d'enseignement doit être porté article par article sur le registre d'inventaire.

Lors d'un changement dans la Direction de l'école, le Directeur entrant doit vérifier de concert avec le Directeur sortant si le mobilier et le matériel existant correspondent bien avec ce qui est porté à l'inventaire, puis il prend en charge, date et signe, se substituant ainsi à l'agent précédemment responsable. Dans le cas de non conformité, le Directeur entrant fait ses réserves et en avise immédiatement le Service de l'Enseignement. Il est procédé de même pour les fournitures scolaires, les livres et les archives.

Dans les écoles subventionnées, l'inventaire est dressé à la fin de chaque année (31 décembre) et transmis au Chef de Service, en double exemplaire, par la voie hiérarchique.

Dans les écoles élémentaires, il semble que les mêmes formalités devraient être exigées. Ils n'en est rien jusqu'à présent.

Les formalités variant avec chaque province les directeurs d'écoles devront se renseigner près de l'Inspecteur des Ecoles, s'ils n'ont reçu aucune instruction avant à la fin de l'année.

Inventaire (Registre). Modèle

Nos d'ordre		DÉSIGNATION	Dates de la prise en charge	Existant au.		Accroissement		Décroissements		MOTIFS
de l'inventaire précédent	de l'inventaire présent			Quantités	Valeurs	Quantités	Valeurs	Quantités	Valeurs	

Imprimés – Voir « *Fournitures* »

Journal de classe. — La tenue du journal de classe (ou cahier de préparation) est obligatoire — Ce journal porte au jour le jour l'indication de tous les exercices à faire, avec des remarques sur les devoirs à donner, les leçons, les textes, les interrogations, le matériel à préparer, etc...

Il ne s'agit pas là d'une formalité inutile, car le cahier de préparation est indispensable pour faire une leçon convenable sans perdre de temps.

Les maîtres peuvent se contenter d'indiquer sur ce cahier, dans l'ordre de l'emploi du temps, les diverses leçons avec leur titre et le numéro de la fiche à laquelle ils ont à se reporter, mais alors la tenue des fiches est indispensable.

Ce procédé facilite le travail s'il est bien fait, car les fiches peuvent servir plusieurs années ; il suffit de les modifier selon les données de l'expérience acquise.

La fiche offre aussi l'avantage d'éviter au maître d'avoir recours au cahier de préparation trop visible.

Modèle de fiche

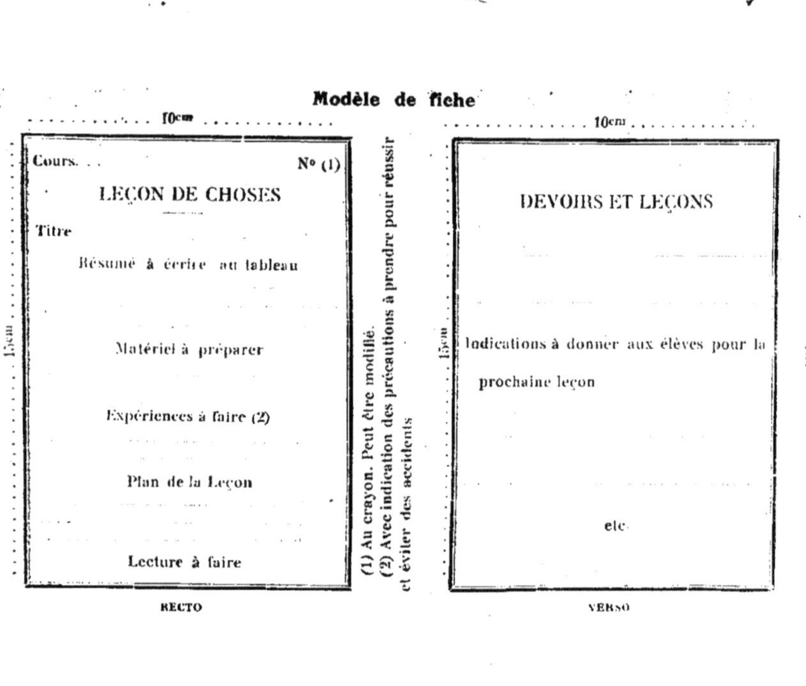

Journaux pédagogiques. — Toutes les écoles reçoivent une ou plusieurs collections du Hoc-Báo, quelques unes reçoivent en outre des journaux pédagogiques locaux (Bulletin Général de l'Instruction Publique) ou métropolitains (l'Ecole et la Vie, le Manuel général, etc . . . !

Ces journaux mis à la disposition des maîtres, doivent rentrer dans la bibliothèque. Il serait bon en fin d'année de les faire brocher ou cartonner.

Jardins scolaires. — Un terrain devrait être mis à la disposition de chaque école pour servir de jardin scolaire. Ce jardin entretenu par les élèves avec l'aide du coolie de l'école, s'il y en a un, procurerait aux maîtres le matériel de quelques leçons de choses, permettrait des essais intéressants d'amélioration de cultures locales ou d'acclimation de cultures nouvelles. Le maître pourrait expliquer sur place les diverses opérations culturales, leur but, et en faire constater l'utilité.

Jardins d'enfants. — Les jardins d'enfants ne sont pas du domaine de l'Enseignement, aucune instruction n'étant donnée dans ces établissements.

Langue française à l'examen du C. E. P. — Les maîtres des C. M. et C. S. doivent user de la langue française dans l'exposé de toutes les leçons qu'ils ont à faire, à l'exception, cela va sans dire, de celles qui sont spécialement consacrées à l'étude de l'Annamite. Le zéro attribué à la dictée proprement dite d'un candidat entraîne obligatoirement l'ajournement de celui-ci. Son ajournement doit également être prononcé, s'il n'obtient pas 35 points au moins pour les épreuves d'orthographe et de rédaction. Une grande importance est donc attribuée à la pratique correcte du français.

C. N· 331c du 30 février 1924. D. E. P.

Langue indigène (*Enseignement de la*). — L'enfant qui arrive à l'école connaît déjà sa langue, mais il ne connaît pas tous les objets qui l'entourent. C'est par la méthode directe que le maître lui apprendra les mots qu'il ignore.

Il se gardera cependant d'employer les termes savants, mots de caractères peu compris. Il emploiera de préférence le mot français s'il ignore le nom Annamite d'un objet quelconque.

Il s'efforcera d'unifier l'orthographe et la prononciation du Quôc-Ngữ.

Langue française (*Enseignement de la*). — La langue française doit être exclusivement enseignée à l'école primaire par la méthode directe ; il ne devra en aucun cas être procédé à l'étude de cette langue par traduction. Le but à poursuivre en effet, est de faire penser en français : la traduction associant le mot français et le mot annamite, ne donne que rarement une pleine possession de la connaissance du français. L'élève, habitué à traduire, pense en annamite, puis traduit et le résultat est rarement brillant.

Il est des cas cependant où l'ingéniosité des maîtres se heurte à des difficultés quasi insurmontables: notamment pour l'enseignement des termes abstraits, qui serviront au Cours Moyen à l'enseignement de la morale. Il sera difficile de donner une idée bien exacte d'une qualité, ou d'un défaut, et ce n'est guère qu'à l'occasion d'une action bonne ou mauvaise commise par un élève que le maître pourra employer le mot français, encore sera t-il bon qu'il fasse traduire par un élève quelque temps après pour se rendre compte si le mot français a bien été compris.

Les livres qui enseignent le français par traduction sont absolument proscrits, la tenue de carnets de mots traduits est également interdite, bien que cet usage se rencontre encore dans de nombreuses écoles.

Leçons particulières. — En dehors des heures de classe et seulement à son domicile privé, le maître peut donner des leçons particulières à cinq élèves au maximum à la fois, sous la condition expresse d'en informer sans délai et par écrit l'Inspecteur des Écoles de la circonscription ou, à défaut, le Chef du Service de l'Enseignement. La dite déclaration devra indiquer l'heure et la durée des leçons, le nombre des élèves, ainsi que le montant de la rétribution versée par chacun d'eux.

Toute pression directe ou indirecte sur les élèves pour les amener à prendre des leçons particulières est rigoureusement interdite à peine de fermeture immédiate, et sans préjudice des sanctions disciplinaires prévues par les règlements.

R. S. Art. 32 modifié

Livres et publications. — Les livres de classe doivent être choisis avec soin.

Aucune publication (livres, cartes, tableaux muraux etc) destinée aux élèves ne peut être mise en usage dans les écoles si elle n'a été préalablement inscrite sur les listes approuvées par le Gouverneur Général sur la proposition du Directeur de l'Instruction publique.

Les publications pédagogiques destinées aux maîtres sont soumises à la même règle.

Aucun livre ni brochure, aucun imprimé ou manuscrit étrangers à l'enseignement ne peuvent être introduits dans l'école, sans l'autorisation écrite du Chef du Service de l'Enseignement au Tonkin.

La liste des manuels scolaires en usage dans chaque école sera affichée dans la salle de classe.

R. S. Art. 20

Livres de la bibliothèque. -- Voir *Bibliothèque*

Logement en nature. — Lorsque le Directeur est logé dans l'école, le logement qui lui est réservé doit servir de modèle aux maîtres et aux élèves par la manière dont il est entretenu. Il sera toujours, ainsi que ses abords, d'une rigoureuse propreté, et même coquet. Il en sera de même des locaux affectés aux adjoints.

Logement (Indemnité de). — Voir *Indemnité de logement.*

Maladies. — Le maître doit s'attacher à reconnaître les premiers symptômes des maladies les plus ordinaires chez les enfants ; il séparera des autres ceux qui sont atteints de maladies contagieuses ; il indiquera à ceux qui sont atteints de maladies simples (gale, conjonctivite, etc...) le moyen de se guérir ; il ne négligera pas non plus de donner les premiers soins à ceux qui seraient victimes d'accidents.

Pour permettre aux maîtres de se substituer au médecin dans les maladies simples, le Service de l'Enseignement a envoyé des produits pharmaceutiques dans les écoles importantes. Cette mesure s'étendra à toutes les écoles dès que les crédits budgétaires le permettront.

Lorsqu'il existe un hôpital ou une infirmerie dans la localité, les élèves malades seront envoyés à la consultation. (Voir *Hôpital*.

Les maîtres doivent énergiquement lutter contre la propagation de la conjonctivite et de la gale.

Maladies (Congés pour) (Voir *Hôpital*).

Mandarinat. — (Voir *hiérarchie*).

Manuels scolaires. — (Voir *Livres et publication*).

Matériel. — Le matériel scolaire comporte tous les objets qu'on utilise pour l'enseignement : cartes géographiques, tableaux de leçons de choses, de lecture, globes terrestres, modèles de dessin, compendium métrique, etc...

Tous ces objets doivent figurer à l'inventaire et être maniés avec soin pour qu'ils puissent durer le plus longtemps possible.

Les maîtres compléteront leur matériel par l'organisation d'un musée scolaire, indispensable pour fournir les éléments nécessaires aux leçons de choses.

(Voir *Musée scolaire*.)

Maternité. — (Congés de). — Les congés spéciaux de maternité d'une durée totale de deux mois seront accordés au personnel féminin des cadres indigènes de l'enseignement pendant la période qui précède et qui suit immédiatement les couches.

Les congés de maternité sont accordés sur la demande des intéressées par l'autorité qui à pouvoir d'accorder les permissions, sur production d'un certificat médical constatant leur état.

Si, à l'expiration de ces deux mois de congé spécial, l'intéressée se trouve dans l'impossibilité de reprendre son service, elle peut obtenir une prolongation d'un mois, à titre de congé de convalescence à demi solde.

Matricule. — Le registre matricule doit porter les indications suivantes : nom et prénoms de l'élève avec un numéro d'ordre ; la date et le lieu de sa naissance, l'adresse des parents ou des correspondants, sa provenance, la date de l'entrée, celle de la sortie avec une appréciation générale et le motif du départ.

Généralement les imprimés sont fournis par le Service de l'Enseignement, faute d'imprimés, le Directeur peut, avec une main de papier, confectionner un registre matricule très suffisant pour les écoles élémentaires à faible effectif.

Le registre matricule doit être dressé conformément au modèle ci-après.

REGISTRE MATRICULE.

N° d'ordre	Nom et prénoms de l'élève	Date et lieu de naissance	Nom profes. et demeure des paren's.	Nom et demeure du correspondant	Dates		Appréciation générale.
					d'entrée	de Sortie	

Moniteurs. (Élèves faisant fonctions de). — Le maître peut parfois se faire remplacer dans la division inférieure pour les exercices faciles par les meilleurs élèves qui remplissent les fonctions de moniteurs.

Les moniteurs doivent être changés au moins chaque jour. Le maître donne avant la classe au moniteur les directions nécessaires sur ce qu'il doit enseigner. De temps en temps, il doit jeter un coup d'œil sur le travail du moniteur pour voir si ce dernier s'acquitte bien de sa tâche. L'emploi de moniteur n'est nécessaire que dans les classes à trois cours.

Musée scolaire. — La réunion de tous les objets nécessaires aux leçons de choses, **de vocabulaire**, etc. . . . constitue le musée scolaire. Cette collection ne doit pas renfermer d'objets rares. C'est un instrument d'étude et non un objet d'ornement.

Le musée scolaire comprend :

1· — échantillons de roches, métaux, objets fabriqués avec des étiquettes portant leur nom, leurs propriétés, leurs usages etc. . . ·

2· — Collection de plantes, feuilles, fleurs conservées sous forme d'herbier.

3· — Gravures et dessins.

4· — Des réductions d'outils et d'instruments agricoles;

5· — Tableau des couleurs.

6· — Solides géométriques.

Tous ces objets doivent être portés sur la catalogue du musée. Une armoire vitrée garnie de nombreux rayons est nécessaire pour recevoir les objets. A défaut d'armoire, de petites étagères peuvent être posées le long d'un mur.

Le musée n'est pas l'œuvre de quelques jours ; il ne peut être constitué qu'à la longue. Le maitre réunira un grand nombre d'objets trouvés aux cours de ses promenades ou de ses voyages. Il pourra aussi compter sur le concours de ses élèves qui seront heureux de lui apporter de nombreux matériaux. Il pourra également s'adresser aux artisans, aux industriels de la localité. Enfin il pratiquera des échanges avec ses collègues pour enrichir de plus en plus son musée scolaire.

Moyens de transport. — Les moyens de transport sont fournis sur réquisition. Quand ils ne peuvent l'être, les fonctionnaires dressent un état des dépenses qu'ils ont été obligés de faire et le transmettent à la Résidence par l'in-

termédiaire de l'Inspecteur des Ecoles de la circonscription après l'avoir signé et fait certifier par des témoins, ou
en l'appuyant des reçus nécessaires.

Les fonctionnaires en déplacement définitif ont droit au
transport de leur famille directe (femme légitime et enfants)
50 à 150 kg de bagages selon leur grade et selon qu'ils
voyagent seuls ou accompagnés de leur famille.

Mouvements. — L'entrée en classe, la sortie, les récréations, les changements de classe sont la cause de mouvements qui, faits sans ordre, sont une cause de perte de
temps.

Avant l'entrée en classe, dès qu'ils entendent le battement du tambour, les élèves se placent sur deux rangs,
subissent l'inspection de propreté, puis sur le signal du
maître et en silence, entrent dans la classe, se rendant
ensuite chacun à leur place respective.

Pour la sortie, au signal du maître, les élèves rangent
leurs affaires. A un second signal, ils sortent sans bruit.
Pour les récréations, l'entrée et la sortie doivent se faire
également en ordre. Avec un peu d'énergie, le maître peut
obtenir un silence parfait.

Mutualité scolaire. — Il n'existe encore aucune société
de ce genre au Tonkin, mais le sentiment de *mutualité*
doit être développé dans l'esprit des élèves.

Neutralité scolaire. — L'école publique est entièrement neutre, c'est-à-dire qu'elle ne doit pas se préoccuper
de la religion des enfants qui en suivent les cours.

Cette neutralité doit être absolue, sans sentiments d'hostilité pour qui que ce soit, mais avec de la bienveillance
pour tous.

Ordre. — L'ordre consiste à mettre chaque chose à sa place, à agir toujours avec mesure et en temps opportun. Dans la classe, le maître doit s'attacher à l'ordre matériel de la salle. Cela facilite sa tâche, favorise la discipline, satisfait les regards et donne aux inspecteurs l'impression d'une bonne direction. Mais il doit veiller également à l'ordre imposé par les programmes d'études, et par l'emploi du temps qui règle la succession des exercices et leur durée. Enfin il doit surveiller les mouvements des élèves et s'efforcer de d'obtenir l'harmonie dans tous les actes scolaires.

Ordres de service. — Les maîtres affectés à un nouveau poste reçoivent un ordre de service qu'ils conservent. Lorsque l'ordre de service est adressé à titre de renseignement à un directeur d'école, il doit rester dans les archives de l'Ecole.

L'orsqu'il s'agit d'un poste nouvellement créé, le premier maître devra prendre copie de son ordre de service pour le laisser dans les archives de l'Ecole.

Il y a le plus grand intérêt à conserver bien en ordre et complètes les archives scolaires.

Ordres de sortie. — Le Service de l'Enseignement envoie parfois aux Ecoles du matériel pris sur un stock constitué à l'avance. Ce matériel fait l'objet d'ordres de sortie que les destinataires retournent au Service après mention de prise en charge.

Occupation des locaux scolaires. — Les locaux scolaires ne doivent pas être occupés pendant toute la durée des vacances scolaires. Il est expressément défendu aux maîtres et aux maîtresses de les utiliser pour leur usage personnel.

Les Directeurs d'écoles doivent détenir sous leur responsabilité les clés de l'établissement qu'ils dirigent.

Pensions de retraite. — Le traitement des fonctionnaires de tout ordre subit une retenue de 6% pendant la durée de leurs services.

Dans l'Enseignement primaire, l'âge requis pour la retraite est de 55 ans avec 30 ans de service. En cas d'infirmités résultant des fonctions, les maîtres peuvent obtenir leur retraite après 50 ans d'âge et 20 ans de service.

Le calcul de la pension se fait comme suit : On prend la moyenne des traitements des 4 dernières années, on divise par 100 et on multiplie par le nombre d'années de service.

La pension est réversible sur la tête des veuves ou des orphelins mineurs à raison du tiers de son montant.

Pensions de retraite (*liquidation*). — Pour obtenir la liquidation de sa retraite le maître doit adresser au Service de l'Enseignement les pièces suivantes :

1) Demande
2) Déclaration de domicile
3) Acte de naissance ou acte de notoriété en tenant lieu
4) Photographie en deux exemplaires
5) Mémoire de proposition
6) Relevé des Services (si l'intéressé a appartenu à plusieurs administrations ou Services doit être accompagné d'un extrait dûment certifié des registres et sommiers de chacune de ces administrations ou Services)

7) Justifications prévues à l'article 4 (paragraphe I, troisième alinéa) ou à l'article 6 ou à l'article 8 de l'arrêté du 29 décembre 1913, s'il y a lieu Projet d'Arrêté

Pensions de Veuve *(Pièces à fournir)*

1) Demande

2) Déclaration de domicile

3) Certificat de Vie avec photographie et empreintes digitales.

4) Deux photographies (dont une sur le Certificat de Vie)

5) Acte de naissance de la Veuve.

6) Acte de naissance du mari

7) Acte de mariage avec impressions digitales (Pièce fournie du vivant du Chef de famille dans les conditions prévues à l'Arrêté du 18 Février 1914

8) Acte de décès du mari

9) Certificat constatant que la veuve, épouse de 1er rang considérée comme seule légitime aux yeux la de loi indigène, n'est ni séparée de corps ni remariée

10) Mémoire de proposition

11) Relevé de Services

12) Justifications prévues par le paragraphe 2 de l'Art. 10 de l'Arrêté du 29 décembre 1913, s'il y a lieu

13) Projet d'arrêté

Certificat de Vie (Modèle)

RÉPUBLIQUE FRANÇAISE

LIBERTÉ — ÉGALITÉ — FRATERNITÉ

CERTIFICAT DE VIE

(Non Sujet au Timbre)

Nous

Certifions que la Nᵉᵉ
dont la photographie est ci-contre
demeurant à   Veuve de

                    née à

suivant son acte de naissance qu'elle nous
présenté est vivante pour s'être présentée au-
jourd'hui devant nous.

En foi de quoi nous avons délivré le présent certificat sur lequel la requérante à ap-
posé devant nous ses empreintes digitales.

Fait à   , le

Vu pour légalisation de
la signature de . . . .

A. . . . . . . le . . . .

Photographie

Empreintes digitales de la main droite
Pouce Index **Médius Annulaire** Auriculaire

CERTIFICAT DE NON DIVORCE

Je soussigné . . . . . du village de . . . canton de . . . huyên de . . . province de Namdinh, certifie que le mariage du nommé . . . . avec la nommée . , . . . n'a pas été dissous par le divorce, qu'aucune séparation de corps n'a été prononcée judiciairement entre les époux, que la femme est en possession de ses droits civils, que le mari n'a laissé aucun enfant mineur issu d'un autre mariage.

En foi de quoi j'ai délivré le présent certificat pour servir et valoir ce que de droit.

Namdinh, le . . . .

Perfectionnement (Cours de). — Les maîtres et maîtresses indigènes, y compris les stagiaires, pourront être appelés à suivre en dehors de leur résidence et pendant les vacances, des cours de perfectionnement ou des conférences pédagogiques, organisés conformément aux instructions du Chef du Service de l'Enseignement au Tonkin et aux époques indiquées par les Chefs d'administration locale.

Ils auront droit aux indemnités réglementaires de route et de séjour prévues par les textes en vigueur et correspondant à la catégorie à laquelle ils sont classés.

Toutefois, ces indemnités ne leur seront mandatées que sur le vu d'un certificat délivré par l'autorité compétente (Chef du Service de l'Enseignement au Tonkin ou Directeur d'école provinciale chargé des Cours de Perfectionnement, déterminant exactement la période pendant laquelle la fréquentation à ces cours et conférences aura été effective.

Ils seront privés de toute indemnité sur la proposition du Chef du Service de l'Enseignement au Tonkin, si leur fréquentation aux cours ou conférences a été irrégulière ou si leur application a été insuffisante.

Code de l'I. P. Art. 121

Voir aussi *Cours*.

PERSONNEL INDIGÈNE (Cadre du)

GRADES ET CLASSES			SOLDES		Classement		Indemnité de route et de séjour	Temps minimum de service exigé pour l'avancement
					Catégorie		Indemnité	

N· I. — ENSEIGNEMENT COMPLÉMENTAIRE

GRADES ET CLASSES			PROFESSEURS	DAMES Professeurs	Catégorie		Indemnité	Temps minimum
Professeurs principaux	1	Classe	2400	1976	1. cat B		3$	
	2	—	2188	1760	—		—	4 ans
	3	—	1976	1540	2.e A		2	4 ans
Professeurs	1	—	1760	1408	—		—	3 ans
	2	—	1650	1266	2.e B		1,40	—
	3	—	1510	1114	—		—	2 ans
	4	—	1430	996	—		—	—
stagiaires			1320	840	—		—	

N· II. — ENSEIGNEMENT PRIMAIRE

GRADES ET CLASSES			Instituteurs	Institutrices	Catégorie		Indemnité	Temps minimum
Hors classe			1870	1540	2.e A(1)		2$	
Instituteurs principaux	1	Classe	1540	1260	—		—	3 ans
	2	—	1210	1144	—		—	2 ans
	1	—	1074	996	2.e B		1,40	2 ans
	2	—	996	918	—		—	—
	3	—	918	840	—		—	—
	4	—	840	762	2.e C		0,80	—
	5	—	762	684	—		—	—
	6	—	684	606	—		—	—
	7	—	606	528	3.e		0,60	—
	8	—	528	450	—		—	1 an
stagiaires			450	360	—		—	1 an

GRADES ET CLASSES			MONITEURS et MONITRICES	Catégorie		Indemnité	Temps minimum
Titulaires	1	Classe	996	2.e B		1$ 10	
	2	—	840	—		—	4 ans
	3	—	762	2.e C		0 80	3 ans
	4	—	684	—		—	—
	5	—	606	3.e		0,60	—
	6	—	528	—		—	—
	7	—	450	—		—	2 ans
	8	—	300	1.re		0,40	—
stagiaires			270	—		—	

(1) Les Instituteurs hors classe, lorsqu'ils seront chargés des fonctions d'inspecteurs, seront classés à la 1re catégorie B.

Pédagogique (*certificat d'aptitude*). — L'arrêté du 23 Octobre 1925 organise comme il est dit ci-après l'examen du Certificat d'aptitude pédagogique à l'enseignement élémentaire franco-indigène.

Les instituteurs auxiliaires ne peuvent être titularisés sans ce diplôme.

Candidatures. — Pour se présenter au Certificat d'ap titude pédagogique, les instituteurs auxiliaires doivent être stagiaires et justifié au 1ᵉʳ Janvier de l'année de l'examen d'un an au moins d'exercice dans une école publique (le temps passé a l'Ecole Normale ou dans un cours Normal, à partir de 18 ans, compte pour le stage)

Les candidats doivent se faire inscrire à la direction locale de l'Enseignement un mois au moins avant l'ouverture de la session : ils déposent une demande d'inscription écrite et signée par eux.

Session. — Il n'y a qu'une session par an. Cette session d'examen s'ouvre dans le courant du mois de Janvier. La première session en Janvier 1926.

Siège de l'examen. — Des centres d'examen sont prévus à Hanoi et dans quelques Chef-lieux de circonscription d'inspection. Les candidats d'une circonscription où il n'y a pas de centre d'examen subissent les différentes épreuves au centre d'examen le plus voisin.

Commisson d'examen. — Une commission centrale d'examen siégeant à Hanoi est nommée par le Résident Supérieur. Elle se compose des membres suivants :

Le Chef du Service ou son délégué. . . . Président
Un Directeur (ou directrice) d'Ecole Normale
Le Directeur de l'Ecole d'Application
Un ou plusieurs Inspecteurs primaires français ou Directeurs ou directrices d'un Groupe scolaire franco-indigène.
Un ou plusieurs Inspecteurs primaires indigènes
Un ou plusieurs professeurs indigènes de l'Enseignement primaire supérieur
Un ou plusieurs instituteurs ou institutrices indigènes

Membres

Des commissions spéciales sont nommées par le Chef de service dans les centres d'examen.

1· Pour la surveillance des compositions écrites :

Un Inspecteur primaire français et deux instituteurs ou institutrices indigènes.

2· Pour les épreuves pratiques et orales :

L'inspecteur en Chef de l'Enseignement primaire ou un Inspecteur primaire français, président, un inspecteur indigène et un instituteur ou institutrice titulaire indigène.

Examen. -- 1· Ecrit. — L'épreuve écrite consiste en une composition française sur un sujet élémentaire de Pédagogie pratique. Durée : 2h1/2. Le sujet est choisi par le Chef du Service de l'Enseignement. Le président de la Commission ne peut ouvrir l'enveloppe contenant ce sujet qu'en présence des candidats. Les Copies sont transmises aussitôt sous pli chargé au Président de la Commission centrale. C'est cette commission qui les corrige.

2 Epreuve pratique. -- Les épreuves ont lieu dans les trois mois qui suivent l'examen écrit. Elles sont subies à Hanoi

ou dans les Chefs-lieux de Circonscription d'inspection.

L'épreuve pratique consiste dans la tenue d'une classe d'une demi-journée comportant quatre leçons au moins dont deux en langue française (une leçon de français et une leçon d'arithmétique ou de choses). La classe comporte un, deux, ou trois cours de l'Enseignement élémentaire. Si l'épreuve pratique n'a pas lieu dans la classe du candidat, la classe où se fera l'examen sera ouverte au candidat 48 heures à l'avance. Le candidat est informé 24 heures a l'avance par les soins du président de la commission locale du programme qui lui est assigné.

3º Epreuves orales. — L'épreuve orale a lieu à la suite de l'épreuve pratique.

Elle consiste en des interrogations en français portant :

1· Sur l'organisation matérielle et pédagogique et la direction d'une école élémentaire.

2· Sur l'organisation de l'enseignement en Indochine, les programmes scolaire, les méthodes et procédés d'enseignement pour les différentes matières du programme.

3· Sur les devoirs des maîtres envers les élèves, les autorités et la population,

La durée de cette épreuve est de 20 minutes.

Admissions. — La commission centrale statue d'après les divers procès verbaux qui lui sont soumis, dès la clôture de la session.

Elle arrête la liste des candidats définitivement admis.

Les aspirants qui échouent à l'épreuve pratique ou à l'épreuve orale conserve à la session suivante le bénéfice de l'admissibilité prononcée à la suite de l'épreuve écrite.

Les diplômes sont délivrés par le Résident Supérieur et contre signés par le Chef du Service local de l'Enseignement.

Pétitions. — **Quêtes, souscription.** — Toute pétition quête ou loterie est interdite dans les écoles. Les souscriptions ne peuvent y être ouvertes ou recueillies que sur une autorisation spéciale du Chef du Service de l'Enseignement.

Photographie. — Les candidats admis au Certificat d'Etudes primaires franco-annamites doivent faire parvenir une photographie au chef du Service de l'Enseignement au Tonkin par l'intermédiaire du Directeur de leur école.

Cette photographie qui sera apposée sur leur diplôme mesurera 4 centimètres de largeur. Elle portera au dos et écrits au crayon les renseignements ci-après :

1· - leurs nom et prénoms ;
2· - leurs lieu et date de naissance ;
3· - leur numéro d'inscription sur la liste des candidats.

Circ. 566 du 1er janvier 1924

D. E. P.

Voir CEP

Préparation de la classe. —· La préparation de la classe est obligatoire pour tous les maîtres. Elle est consignée sur un cahier spécial appelé journal de classe.

Dans une classe à plusieurs cours, le maître tient un journal de classe pour chaque cours.

La préparation écrite doit mentionner:

a) le sujet et le plan détaillé de chaque leçon ;
b) les principales interrogations à poser,
c) et s'il y a lieu, les mots et expressions à expliquer, les objets à montrer, le matériel à utiliser, les lectures et les expériences à faire.
d) le texte des résumés et des devoirs écrits, ou tout au

moins l'indication précise du journal ou du recueil où figurent ces résumés et ces devoirs.

Les maîtres pourront préparer leurs principales leçons sur des fiches mobiles. Dans ce cas le journal de classe mentionnera le titre de la leçon et, comme, référence. le N° de la fiche.

Le Directeur de l'école est tenu de viser le journal de classe de chaque maître au moins une fois par semaine pour se rendre compte de la marche générale des études et s'assurer de la concordance des leçons avec les programmes.

R. S. Art. 17

Voir aussi *journal de classe* .

Prescriptions hygiéniques. — En ce qui concerne l'hygiène et les maladies contagieuses. le maître est tenu de se conformer au Règlement sanitaire du 8 octobre 1915 du Directeur local de la santé ainsi qu'au règlement concernant la protection de la santé publique au Tonkin.

Les autorités provinciales ou communales doivent faire le nécessaire pour que les salles soient blanchies au moins une fois par an et tenues dans un état constant de propreté et de salubrité.

Le nettoyage journalier des locaux et de la cour de récréation est assuré par le coolie de l'école ou, à défaut, par les élèves.

En cas d'épidémie. le Directeur en avise le chef de province et lui rend compte des mesures prises.

Le licenciement de l'école est prononcé, s'il y a lieu, par le chef du Service de l'Enseignement au Tonkin.

R. S. Art. 8

Voir aussi *Hygiène. Éviction.*

Prise en charge. — Tous les objets non consommables constituant le mobilier de l'école et le matériel d'enseignement (livres, cartes, tableaux muraux, globes terrestres, compendiums, etc...) doivent être portés article par article sur le registre d'inventaire. Tous les objets, consommables ou non, énumérés sur les factures doivent être immédiatement pris en charge sur le registre des factures. La formule de prise en charge doit mentionner le N° spécial sous lequel la facture est inscrite au registre d'inventaire.

Ces derniers N° relatifs aux objets non consommables sont portés à l'encre rouge sur la facture en regard de chaque objet.

Prise en charge des factures (Modèle)

1° — Pour les factures portant sur des objets consommables tels que les fournitures de bureau (papier, encre, etc...) la mention de prise en charge à employer est la suivante :

"Reçu et pris en charge les objets désignés ci-dessus pour être mis en consommation immédiate et inscrit la présente facture le (date) sous le N°.... du registre des factures"

Le Directeur de l'école

Signature :

2° — Pour les factures portant sur des objets non consommables tels que : mobilier scolaire, matériel d'enseignement, cartes et tableaux muraux, livres etc.. La mention de prise en charge est celle-ci :

"Reçu et pris en charge les objets indiqués ci-dessus non consommables sous le N° de l'inventaire et inscrit la présente facture le (date) sous le N° du registre des factures".

Le Directeur de l'École

Signature :

3° — Lorsqu'une facture comporte à la fois des objets consommables et non consommables, il faut employer la mention de prise en charge ci-après :

"Reçu et pris en charge les objets consommables indiqués ci-dessus sous les Nᵒ... de l'inventaire, les autres objets étant mis en consommation immédiate et inscrit la présente facture (date) sous le Nᵒ... du registre des factures.

Le Directeur de l'Ecole
Signature :

4ᵒ — Lorsqu'il s'agit de simples réparations au mobilier au matériel ou aux bâtiments scolaires. la mention de prise en charge est la suivante :

"Certifié les réparations effectuées (ou le service fait) et iuscrit la présente facture le (date) sous le Nᵒ ... du registre des factures.

Le Directeur de l'Ecole
Signature:

Remarque importante. — Les Nᵒ sous lesquels les objets non consommables sont inscrits à l'inventaire doivent être portés à l'encre rouge en regard de chaque objet./

Prise de service. — Lors d'une mutation, le directeur entrant remplace aussitôt que possible le directeur sortant dans son service. Tout deux doivent établir un procès-verbal de prise de service après avoir vérifié si les registres sont en ordre et l'inventaire exact. En signant le procès-verbal, le directeur entrant substitue sa responsabilité à celle du directeur sortant. S'il a des observations à faire au sujet de la tenue des registres ou de l'inventaire, il doit les transmettre immédiatement au service de l'Enseignement avec une copie du procès-verbal par l'intermédiaire de l'Inspecteur des Ecoles de la circonscription.

RÉSIDENCE SUPÉRIEUR
AU TONKIN

ENSEIGNEMENT PRIMAIRE

Province de ....

Huyện (ou Phủ) de ...
Canton de ....
École (1)...............
de ....

(1) Communale,
Cantonale,
ou Subventionnée.

(2) grade

(3) En l'absence de
l'ancien titulaire,
le service peut être
remis par un maî-
tre adjoint ou par
le Ly-Truong

(4) Rayer les regis-
tres qui n'existent
pas.
(5) Indiquer ici les
manquants consta-
tés ou écrire le mot
« néant » s'il n'y a
pas de manquants.

(6) Deux copies sont
adresées au Direc-
teur des écoles de
. . . . Le 3º
demeure dans les
archives de l'école

PROCÈS-VERBAL DE REMISE DE SERVICE

L'an mil neuf cent vingt ... le ... du mois de ...
il a été procédé, conformément à l'ordre de service
de M. le Chef du Service de l'Enseignement au
Tonkin Nº .... , en date du .... à l'installation de
M .... (2) .... comme Directeur de l'école
(1) .... de ....

Le Directeur sortant) a remis au nouveau titu-
Le (3) ....) laire du poste le mobilier et
le matériel en service, à l'école, ainsi que les
archives et les registres obligatoires : Inventaire,
Registre matricule, Cahiers de correspondances à
l'arrivée et au départ, Registre des factures, Catalogue de livres de la bibliothèque, Registre d'appel
de l'année en cours, Cahier d'entrée des fournitures (4) ....
lesquels ont été visés à la date de ce jour par le
(3) .... et le Directeur entrant.

La vérification du mobilier et du matériel d'enseignement a donnée lieu aux observations suivantes : (5) ....

Fait en triple exemplaire à
les jour, mois et an que dessus.

Le Directeur sortant　　　　*Le Directeur entrant,*
ou le (3) ....

du Gouverneur Général rendu sur rapport motivé du Directeur de l'Instruction publique.

Code de l'I. P. Art 231 - 232 - 233

Programme. — Le programme de l'Enseignement primaire franco-indigène a été fixé par l'article 138 du code de l'Instruction publique. Il comprend :

1. — Instruction morale ;
2. — La lecture et l'écriture.
3. — La langue française.
4. — La langue annamite.
5. — Le calcul et le système métrique.
6. — L'histoire et la géographie locales.
7. — Les leçons de choses et d'hygiène.
8. — Les éléments du dessin et du travail manuel.
9. — Les exercices gymnastiques.

Les programmes sont de précieux guides. Ils empêchent les maîtres de s'égarer ou de trop s'attarder sur les points de leur préférence. Ils indiquent les grandes questions à enseigner mais ils ne tendent nullement à supprimer l'initiative des maîtres.

Les programmes sont faits pour toutes les écoles. Il appartient donc aux maîtres de les adapter convenablement aux écoles qu'ils dirigent.

Propreté. — Tout établissement d'instruction doit être dans un parfait état de propreté. - Pour cela, le Directeur ne néglige rien pour obtenir que les murs de la salle soient blanchis tous les ans. Il fera laver le plancher aussi souvent qu'il sera nécessaire et il ne permettra pas que les balayures, les vieux papiers, des immondices de toute sorte s'accumulent dans les coins. Il fera disparaitre les araignées et la poussière Le maître ne doit laisser dans la classe que ce qui peut servir à la démontration des leçons du jour

Par la propreté. l'ordre et le soin, il inspirera à ses élèves le respect de la salle de classe.

Publication. (Voir *journaux pédagogiques*)

Punitions. — Les seules punitions dont l'emploi est autorisé sont, par ordre de gravité, les suivantes :

Les mauvaises notes.

La réprimande.

La privation partielle de récréation avec tâche supplémentaire ;

La retenue après la classe, sous la surveillance du maître ;

L'exclusion temporaire ;

Le renvoi définitif.

L'exclusion temporaire ne peut dépasser huit jours. Elle est prononcée par le Directeur de l'Ecole qui en avise immédiatement les parents et l'Inspecteur des Ecoles de la circonscription.

Le renvoi définitif ne peut être prononcé que par l'Inspecteur des Ecoles.

Les châtiments corporels sont rigoureusement interdits.

Plan des salles de classe. — Le maître doit faire le plan de sa classe qu'il affiche. Il doit aussi avoir un second plan, avec le nom des élèves à la place qu'ils occupent. Ce plan lui permet de faire l'appel rapidement, et sert aussi à éviter les changements de place des élèves, comme cela se pratique dans certaines Ecoles.

Lorsque le maître demande du mobilier, il doit joindre à sa demande le plan coté de sa classe et du mobilier qu'elle contient.

(Voir *Mobilier*).

Querelles (Interdiction des). — Les Chefs d'établissement devront se préoccuper de faire surveiller les récréations. Ils feront sévèrement réprimer les querelles entre écoliers, ainsi que tous actes de mauvaise camaraderie.

Rapport des maîtres avec les familles. — Le Directeur de l'Ecole doit connaître les parents des élèves, entretenir de bons rapports avec eux et les mettre au courant des progrès de leurs enfants.

Il peut en résulter pour le Directeur une plus grande autorité morale, pour l'école, une discipline plus facile, pour les élèves, plus d'assiduité, un travail plus suivi et des résultats plus satisfaisants.

Aimé des familles, le maître aura de grandes chances d'être également aimé de ses élèves — Pour cela, il faut qu'il conserve son prestige, qu'il évite de témoigner des préférences à quelques-uns, car par dessus tout, il doit être juste. Tous ses élèves sont égaux pour lui, tous ont droit à la même sollicitude, aux mêmes marques d'intérêt et d'affection.

Le maître aura parfois l'occasion de donner de tels témoignages, lorsque la maladie viendra frapper ses petits élèves ou quelqu'un des leurs. Il ira alors les voir spécialement, donnera au besoin les petits conseils d'hygiène si importants et la plupart du temps si méconnus, indiquera les 1ers soins à donner en attendant l'arrivée du médecin, prodiguera ses consolations, se montrera dans les circonstances douloureuses, un ami éclairé et sincère : il s'attirera de la sorte la reconnaissance de tous ses élèves et de leurs parents.

Enfin dans ses relations, il faut qu'il soit d'une loyauté et d'une probité à toute épreuve, d'une bonne foi et d'une franchise sans réserve, d'un désintéressement au-dessus de tout soupçon.

Sa conduite privée doit être la condamnation de l'intempérance, de la passion du jeu, de la chicane, de la paresse, du désordre et des négligences de toutes sortes.

(D'après Péralle).

Rapport trimestriel. — A la fin de chaque trimestre, le Directeur doit fournir un rapport sur la situation de l'école dont il a la direction — Les imprimés nécessaires sont fournis par le Service de l'Enseignement au Tonkin. Il suffit de répondre clairement et simplement aux différentes rubriques du rapport.

Le rapport doit être rédigé en deux exemplaires. Ces documents sont adressés au Chef de la province qui en conserve un et fera parvenir l'autre au Chef du Service de l'Enseignement au Tonkin.

C. 420-C du 27 février 1923.

Suivant les provinces, ce rapport est adressé au Résident soit par l'intermédiaire des mandarins, soit par l'intermédiaire de l'Inspecteur des Ecoles.

Reboisement par les élèves des Ecoles. — Dans chaque école, il pourrait être formé un groupement des enfants au-dessus de 10 ans qui s'intéresseraient à la culture des arbres sous la direction de l'instituteur.

Chaque village qui a des terrains vacants, impropres à la culture permanente, pourrait en attribuer une parcelle aux enfants de l'Ecole.

Chaque année, vers le mois de Juin, l'instituteur adresserait au Service Forestier par l'intermédiaire du quan-huyèn et du Chef de la province une demande pour la quantité de graines qu'il pourrait utiliser.

Ces graines devront être, de préférence, celles des essences précieuses disparues du Tonkin par suite de leur exploitation irraisonnée : Sên, Tau, Lim, Gu, Dinh, Lat-Hoa, Mo, Camphriers, Teck et les arbres fruitiers : Vai, Long-Nhan, Mit, Trang, Muôm, etc...

En fin d'année, le Service forestier ferait les envois de graines au chef lieu de c'aque province pour être répartis dans les écoles d'après les demandes faites.

Des primes seraient allouées aux enfants qui auraient réussi dans leurs travaux et obtenu des plants de belle venue.

Pour l'attribution des primes, l'instituteur relèvera pour chacun des enfants le nombre de plants qu'il aurait obtenus ; la liste générale serait certifiée par le quan-huyèn et visée par le chef de province. Le service forestier paierait une prime de 0$01 par plant réussi venant de semence et d'une de bonnes essences indiquées plus haut, ou autre de même valeur, mise en place définitive. En cas de destruction pour une cause quelconque, ce plant serait remplacé le plus tôt possible par l'élève qui l'aurait planté et qui aurait touché la prime.

L'instituteur qui aurait dirigé les travaux recevrait une prime de 2$50 par mille plants réussis et pourrait, en outre, être l'objet d'une proposition pour un avancement ou pour un titre honorifique.

Il est bien entendu que les terrains ainsi reboisés ne changeraient pas de propriétaire et, par venus à maturité, les arbres seraient régulièrement exploités par le village pour les besoins de la collectivité ou la vente au commerce.

Les terrains ainsi affectés au reboisement seraient placés sous la surveillance générale du village ou du xa-tuân en particulier, les mesures nécessaires devraient être prises pour sauvegarder les plantations contre l'incursion des animaux domestiques et pour éviter les incendies et autres causes de destruction.

Circ. N· 78 A du R. Sup. du 26 Novembre 1924

Récolement du mobilier. — Tout Directeur qui reçoit une autre affectation ne doit pas quitter son école avant d'avoir remis à son successeur ou, à défaut, à l'un de ses adjoints ou au ly-truong les locaux, le mobilier scolaire, le matériel d'enseignement, les fournitures scolaires, les livres de la bibliothèque et les archives de l'école.

Le Directeur entrant devra, de concert avec son collègue sortant ou, à défaut, avec la personne à qui l'inventaire aura été remis, vérifier si le mobilier et le matériel existants sont conformes aux livres d'inventaire.

Le procès-verbal de cette opération, établi en double expédition et signé par les deux parties, constitue le Directeur entrant responsable des objets désignés à l'inventaire.

L'un des exemplaires est conservé aux archives de l'école, l'autre est adressé au Chef de la province qui le transmet. s'il y a lieu, au Chef du Service de l'Enseignement.

Dans le cas de non conformité. le Directeur entrant fait ses réserves et les joint au procès-verbal.

R. S. O. Art 7
Voir "Procès verbal de remise de service"

Récompenses. — Les récompenses et punitions doivent être justes et proportionnées au mérite ou aux fautes commises.

Les différentes formes de récompenses sont:
Les bonnes notes,
L'éloge,
L'inscription au tableau d'honneur,
Les prix.

Les élèves sont classés par ordre de mérite à la fin de chaque mois. Ce classement est établi d'après la moyenne des notes des compositions hebdomadaires et la moyenne des notes journalières, de leçons, de devoirs, en attribuant à ces deux moyennes le même coefficient.

En fin d'année les prix sont attribués d'apès la moyenne générale des notes des compositions trimestrielles, en accordant à celles du 3ᵉ trimestre le coefficient 2.

R. S. Art. 26.
Voir Aussi *Distribution de prix*

Règlement intérieur. — Les prescriptions particulières relatives au bon fonctionnement de chaque école primaire franco-indigène feront l'objet d'un règlement intérieur qui devra être élaboré dans le délai d'un mois par le Directeur de l'Ecole.

R. S. Art 38

Renvoi des élèves (Voir *Punition*)

Récré_tions. — Les enfants ont besoin de mouvement. On ne doit donc pas leur imposer longtemps une immobilité absolue. Pour cela, il faut varier les exercices, alterner une classe qui repose avec une classe qui fatigue, mettre un exercice qui donne du mouvement après un exercice qui exige l'immobilité.

Mais cela ne suffit pas, il faut encore des récréations.

Aussi les classes du matin et du soir sont-elles coupées par une récréation d'un quart d'heure pendant laquelle les élèves peuvent se détendre l'esprit et les membres.

Les récréations doivent être surveillées par les maîtres pour éviter les accidents qui pourraient survenir.

Répartition des cours en classes. — Dans les écoles élémentaires, qui n'ont qu'un maître et qu'une classe, il ne sera établi aucune division ni dans le cours élémentaire, ni dans le cours préparatoire ; il n'en pourra être établi plus de deux dans le cours enfantin.

Dans les écoles élémentaires à 2 maîtres, l'un sera chargé du Cours élémentaire et du Cours préparatoire, l'autre du Cours enfantin.

Dans les écoles élémentaires à trois maîtres, chaque cours forme une classe distincte.

Dans les écoles de plein exercice à 3 maîtres, le 1er sera chargé des Cours supérieur et moyen, le second des Cours élémentaire et préparatoire, le 3e du Cours enfantin.

Dans les écoles à 4 classes, les cours supérieur et moyen seront réunis, les autres forment une classe distincte.

Dans les écoles à 6 classes et plus, chaque cours sera dédoublé en deux ou plusieurs classes parallèles en commençant par les cours inférieurs.

Répartition des Elèves. — La durée des études est d'un an dans chaque cours.

Les élèves peuvent être autorisés par le Directeur de l'Ecole à doubler l'un des 3 cours inférieurs.

Sont admis de droit à une 2e année dans leurs cours respectifs :

1· Les élèves du Cours Moyen ayant échoué à l'examen de passage au Cours supérieur.

2· Les élèves du Cours supérieur n'ayant pas atteint l'âge requis pour se présenter au Certificat d'Etudes primaires ainsi que ceux qui auront échoué à cet examen.

Les enfants ne pourront rester dans les écoles élémentaires après l'âge de 13 ans que sur une autorisation spéciale de l'Inspecteur des Ecoles de la circonscription, à défaut, du Chef du Service de l'Enseignement au Tonkin.

R. S. Art 9

Rapports d'inspection. — Voir *Bulletin d'inspection.*

Rapports avec les autorités. — Voir *Autorités.*

Récompenses. — Voir *Décorations.*

Révocation. — La peine de la révocation est la punition administrative la plus grave..

Elle ne peut être prononcée qu'après avis du conseil de discipline.

La révocation ne donne pas droit au remboursement des sommes versées pour la pension de retraite.

Répartition mensuelle. — Au commencement de l'année scolaire, le maître établit, en tenant compte des congés et vacances et des revisions générales, une répartition mensuelle pour chaque matière du programme.

Le tableau d'ensemble de cette répartition doit être affiché dans la salle de classe.

R. S. Art. 16

Retenue pour la retraite. — L'indemnité annuelle attribuée aux agents pendant leur période de stage n'est pas passible de retenues pour la retraite Toutefois, après leur admission définitive dans les cadres résultant de leur titularisation, ils auront la faculté de faire décompter pour la retraite la période de leur stage, en opérant, dans le délai d'une année, des versements équival ··· aux retenues qu'ils auraient dû subir sur la dite indemnité.

R. de l'I. P. Art. 54

Retenue après la classe.   Voir " *Punition* "

La retenue après la classe doit toujours être surveillée par l'un des maîtres de l'Ecole.

Retenue sur les traitements. — La retenue sur les traitements pour cause de dette ne peut généralement être supérieure à 10 % du montant du salaire, mais par suite du régime de la contrainte par corps, ce maximum est pratiquement toujours dépassé après entente entre le débiteur et le créancier.

Saisie arrêt.   Voir " *Retenue* "

Système métrique (Enseignement du). — Tout en utilisant les mesures locales, le maître devra faire connaître les mesures du système métrique, en montrer les avantages notamment la facilité des calculs et l'invariabilité.

Les tableaux de système métrique ne montrent que l'image des mesures françaises aussi le compendium métrique, qui permet de montrer les mesures elles-mêmes, surtout de s'en servir, est-il de beaucoup préférable.

A défaut de compendium, le maître quelque peu industrieux peut obtenir des mesures à peu de frais.

Le mètre que les élèves compareront au thuoc, sera fait d'une lame de bambou, et marqué tous les décimètres. Les élèves pourront posséder, et ce sera l'occasion d'un exercice de travail manuel, un double décimètre (demi thuoc) divisé en centimètres. Une ficelle, nouée tous les mètres fera un décamètre, une chaîne d'arpenteur très suffisante.

Le litre, la capacité d'un litre, peut être donné par une boite de conserves, de même le demi litre. A défaut, on pourra mesurer la capacité d'un entre-nœuds de bambou et le couper à la hauteur voulue.

Pour les poids, la facilité est non moins grande de trouver un morceau de brique du poids d'un kilogramme. Il sera moins facile de construire une balance.

Les élèves seront appelés à se servir des mesures ainsi fabriquées le plus souvent possible.

Secours annuel à un orphelin mineur (*liquidation*). — Pour obtenir la liquidation d'un secours annuel à un orphelin mineur, l'intéressé doit fournir les piéces suivantes :

1) Demande.
2) Déclaration de domicile
3) Acte de tutelle ou toute piéce en tenant lieu
4) Certificat de Vie avec photographie et impressions digitales
5) Deux photographies (dont une sur la Certificat de Vie)
6) Acte de naissance du mineur avec impressions digitales
7) Acte de naissance du pére

8) Acte de naissance de la femme de 1er rang

9) Acte de mariage du père et de la mère de 1er rang

10) Acte de Décès du père

11) Acte de Décès de la femme de 1er rang ou s'il y a lieu, certificat constatant que la femme de 1er rang est séparée ou remariée.

12) Mémoire de proposition

13) Relevé de services ; justifications prévues au paragraphe 2 de l'Art. 10 de l'Arrêté du 29 décembre 1913, s'il y a lieu

14) Projet d'Arrêté

ACTE DE TUTELLE

L'an mil neuf cent . . . . et le . . . .
Nous soussignés :

1· Nguyên-van-X, fils du Chuong-tôc de la famille

2· . . . . notable

. . . . notable

3· Y ami du défunt

4·

5·

6·

Tous parents et amis de la famille, les 3 premiers du côté paternel et les 3 autres du côté maternel.

Nous sommes réunis en conseil de famille pour nommer un Tuteur de l'enfant mineur fils du dit X . . . décédé.

Après avoir délibéré ensemble nous avons été unanimes à nommer le sieur . . . . frère ainé du mineur tuteur du dit Nguyên-van . . . .

De tout quoi, nous avons dressé le présent acte et nous avons témoigné.

Séances de gymnastique. — Les séances de gymnastique et d'exercices physiques ont lieu pendant les récréations ou dans la 1/2 heure qui suit la dernière classe de l'après-midi — Elles doivent occuper 2 heures 1/2 hebdomadairement.

Art 137 du Code de l' I. P.

Voir aussi *"Education physique"*

Solde. — voir *Cadres* — *Etats de solde*

Sports (voir *Sociétés*)

Sociétés scolaires ou post-scolaires. — De petites associations scolaires peuvent s'organiser dans la plupart des Ecoles, avec, pour but la pratique des sports, la constitution d'une bibliothèque, l'achat en commun de fournitures (coopération scolaire), etc.

Dans les chefs lieux de province, des associations importantes peuvent se constituer sous la forme *de sociétés de Patronage des Ecoles publiques* qui peuvent multiplier leurs buts : Constitution de sections sportives football, tennis, etc, Constitution de bibliothèques pour les élèves et les maîtres, organisation de salles de réunion, de lecture, représentations théâtrales ou cinématographiques, édition d'ouvrages utiles, entr'aide par l'attribution de bourses, la création de centres de vacance à la mer ou à la montagne, placement amicale d'anciens élèves, etc.

La Société de Patronage des écoles publiques de Namdinh pourra donner à tous ceux qui le désireront des renseignements sur ce genre d'association.

Stage. — Les instituteurs ou institutrices non brevetés d'une école normale d'instituteurs de la colonie ne pourront être nommés qu'au grade d'instituteur ou institutrice stagiaire. Il ne pourront être titularisés qu'après avoir accompli un stage dont la durée sera d'au moins une année de services effectifs.

A l'expiration de cette année, ceux qui ne sont pas proposés pour la titularisation par le Chef du Service de l'Enseignement pourront être autorisés à faire une deuxième et une 3e année de stage. Si, à l'expiration de cette 3e année ils ne sont pas l'objet d'une proposition de titularisation, ils devront être licenciés purement et simplement.

R. de l'I. P. Art. 113

Les instituteurs auxiliaires et institutrices auxiliaires stagiaires sont recrutés parmi les candidats pourvus au moins du Certificat d'études primaires ; le stage est obligatoire pour tous.

La durée du stage est d'au moins une année de services effectifs. A l'expiration de cette année ceux qui ne seront pas proposés par le Chef du service de l'Enseignement pour la classe supérieure, peuvent être autorisés à faire une seconde et une 3e année de stage. Si, à l'expiration de cette troisième année ils ne sont pas l'objet d'une proposition d'avancement, ils doivent être licenciés purement et simplement . .

R. de l' I. P. Art 115

Sujets des épreuves des Examens. — Les sujets des épreuves du Certificat d'études primaires sont choisis par le Chef du Service de l'Enseignement. Ils sont adressés en temps utile et sous pli cacheté au Président de la Commission. Les plis ne peuvent être ouverts qu'en présence des candidats :

Les épreuves du C E E sont choisis dans les mêmes conditions par l'Inspecteur des Ecoles du Secteur.

Surveillance. — Le maître est tenu d'assurer la surveillance de la rentrée et de la sortie des classes, des récréations, des élèves punis de retenue, ainsi que des séances d'éducation physique, lorsque les exercices sont dirigés par des instructeurs spéciaux.

Dans les écoles à plusieurs **maîtres**, les **maîtres** concourent à tour de rôle à l'exécution de ce service, sauf en ce qui concerne les séance d'éducation physique auxquelles tous doivent obligatoirement assister.

R. S. Art. 29.

Tableau d'Honneur. — Le tableau d'honneur affiché dans chaque classe doit être plus ou moins orné selon les ressources de l'école. Il est destiné à recevoir trimestriellement les noms des élèves qui se sont particulièrement distingués.

L'inscription au tableau d'honneur est un puissant moyen d'émulation. C'est pourquoi le maître doit être absolument équitable dans la distribution de cette récompense.

Tableaux muraux. — Les cartes, les tableaux muraux de leçons de choses, de système métrique, de lecture, etc doivent être accrochés régulièrement et symétriquement, le long des murs. Il est facile, avec un peu de colle et de papier, de les restaurer quand ils ne sont pas trop détériorés. Grâce à ce petit raccommodage, on peut s'en servir longtemps et éviter à l'administration des dépenses inutiles.

Lorsqu'il peut être procédé à l'ornementation de la classe, il n'y a que des avantages à ne laisser exposés que la carte et le tableau à utiliser dans la journée.

Tables. — Les tables bancs doivent être appropriés à la taille des élèves, la tablette pour écrire normalement inclinée.

Les tables seront percées de trous pour y placer les encriers. Au dessous, les tables seront pourvues d'un casier ou d'une planchette destiné à recevoir les livres et les cahiers des élèves.

Elles doivent être disposées de telle manière que la lumière arrive de gauche, ou des deux côtés, pour ne pas blesser la vue.

Tambour. — L'entrée des classes et la sortie se font au battement du tambour exécuté sur l'ordre du Directeur à l'heure fixée.

Un coup bref doit être donné au moment du changement des leçons.

C'est un rappel constant profitable à l'observation de l'emploi du temps.

Bien que très utile, le tambour n'est pas indispensable, on peut surtout s'en passer facilement dans les écoles à classe unique.

Le maître peut remplacer l'appel du tamtam par un coup de sifflet.

Tenue des élèves. — Les élèves doivent être constamment propres et avoir une tenue convenable. Le maître s'en assure, matin et soir, sur les rangs, avant l'entrée en classe en passant l'inspection des mains, des visages, des vêtements.

Les mouvements généraux seront toujours exécutés en rang, avec ordre et silence.

En classe, il est interdit aux élèves de bavarder et de crier, de quitter leur place sans autorisation, de jeter des papiers et de cracher par terre, dégrader le mobilier et le matériel d'enseignement, ils s'abstiennent de salir par des dessins ou des inscriptions les murs de l'école.

Ils doivent être respectueux et déférents envers les maîtres, se conduire en bons camarades, et faire preuve en toutes circonstances, tant à l'école que hors de l'école, de la plus grande politesse.

R. S. Art. 25
Voir aussi *Hygiène, mouvements, etc.*

Transmission de la correspondance. — Qu'il s'agisse de rapports trimestriels ou non sur la fréquentation scolaire ou sur l'état des locaux ou du mobilier de propositions concernant le transfert d'une école, de demande en personnel ou en matériel, de requêtes personnelles en vue de l'avancement, d'une mutation, d'une permission ou d'un congé, — toutes les fois, en un mot que la question soulevée est d'ordre administratif, il est indispensable que l'autorité administrative représentée dans les provinces par les Résidents et leurs délégués soit mise en mesure de donner son avis. C'est donc par l'intermédiaire du chef de province que la correspondance doit obligatoirement parvenir au chef du service de l'Enseignement au Tonkin.

Il existe même des cas où la décision appartient exclusivement aux chefs de province (1). Il est ainsi en ce qui concerne les demandes de matériel pour les écoles entretenues sur fonds de concours. Il en sera de même pour toutes les demandes relatives à des permissions dont la

____

(1) Dans certaines provinces, l'Inspecteur des Écoles décide par délégation du Résident.

durée ne dépassera pas huit jours. — Dans les deux cas précédents tout au moins, et il est à présumer que la nécessité de décentraliser un service congestionné en fera apparaître d'autre dans l'avenir, les demandes du personnel devront être soumises pour décision, non au chef du Service de l'Enseignement mais aux chefs de province.

La circulaire de M. le Résident Supérieur en date du 17 décembre 1921 a nettement précisé que si les Résidents ou leurs délégués ont qualité pour assurer le contrôle administratif des établissements d'instruction, ils n'ont pas à connaître des questions techniques, pédagogiques. Lorsque les correspondances du personnel des écoles primaires portent exclusivement sur l'enseignement considéré, soit dans ses programmes, soit dans ses méthodes, ou même sur la discipline intérieure de la classe (admission, radiation, exclusion temporaire ou définitive des élèves, etc) c'est l'inspecteur des écoles de la circonscription au point de vue professionnel et technique qui est seul qualifié pour donner son avis. — C'est donc par son intermédiaire que les correspondances de ce genre devront parvenir au service local de l'Enseignement.

Il appartiendra à l'Inspecteur des écoles de joindre aux demandes son avis motivé et même dans certain cas, de statuer immédiatement sous sa responsabilité, à charge de rendre compte de sa décision au service local de l'Enseignement au Tonkin.

En résumé, la correspondance ne pourra parvenir directement au service local de l'Enseignement au Tonkin que dans un seul cas: lorsqu'elle présentera un caractère nettement technique et que, en même temps, il n'y aura pas d'Inspecteur français chargé du secteur.

Timbre de dimension (Voir à *Dimension*).
Titularisation (Voir *Admission dans les cadres*)

Vacances (Voir *Congé*)

Vaccination. — Aucun enfant ne peut être admis à l'école s'il ne présente un certificat de vaccination ou à défaut s'il ne porte les marques apparentes de la variole.

Les médecins recommande de se faire revacciner tous les 3 ans.

Lors des déplacements d'un vaccinateur, l'Inspecteur des écoles prévient les maîtres intéressés, qui conduisent leurs élèves à l'endroit désigné, à moins d'un trop long trajet.

La classe manquée par ce déplacement ne sera pas remplacée.

Véhicule de l'Enseignement.

A) Dans les écoles élémentaires du delta, l'enseignement est donné en langue annamite. Toutefois, afin de ménager une transition avec les écoles de plein exercice, les maîtres pourvus du certificat d'Etudes primaires peuvent à partir du cours élémentaire recourir dans une certaine mesure à la langue française, notamment pour l'arithmétique et les leçons de choses.

B) Dans les écoles élémentaires de la Haute région, l'enseignement est donné en principe, soit dans l'idiome local (Thô.) Thai, etc), soit en langue française.

C) Dans les écoles de plein exercice : la langue indigène est exclusivement employée au cours enfantin ; la langue française intervient concurremment avec la langue indigène à partir du cours préparatoire ;

Elle se substitue progressivement à la langue indigène au cours élémentaire ; elle est seule employée au cours Moyen et au cours Supérieur.

R.S. Art. 19.

Dans les écoles de l'intérieur, il est recommandé de faire toutes les leçons en langue indigène. Cependant, pour certains cours, les leçons de choses notamment, une leçon de vocabulaire français pourrait reprendre en cette langue la leçon faite en langue indigène.

Voie hiérarchique. Les fonctionnaires ne doivent correspondre avec leurs supérieurs qu'en suivant la voie hiérarchique. Ainsi un Directeur d'école qui veut s'adresser au Chef du service locale de l'Enseignement, doit envoyer sa lettre à l'Inspecteur des écoles de la circonscription, qui la transmettra avec son avis au Service de l'enseignement local au Tonkin par l'intermédiaire du chef de la province s'il y a lieu.

Un Directeur d'école ne peut garder par devers lui un pli qui lui est remis pour transmission par un de ses subordonnés. Il l'adresse à qui de droit en y joignant son avis motivé ou telles explications qu'il juge nécessaires.

TABLE DES MATIÈRES

Titres	Pages

Monsieur Le Résident Supérieur au Tonkin

<u>Dépôt légal</u>. — Deux exemplaires "Vade Mecum de l'Instituteur au Tonkin" édité par la Société de Patronage des Écoles Publiques de Nam-Dinh. Tirage exact de mille (1000) exemplaires.

Hanoi le 27 Novembre 19..
P. Le Directeur

IMPRIMERIE NGHIÊM - HÀM
58, Rue Colon, HANOI

Prix : 1$20